キャリアコンサルタントで年収1000万円

瀧本博史
Takimoto Hiroshi

現代書林

はじめに

パソコンの画面に映し出される同僚たちの顔。オンラインで交わす挨拶。新型コロナウイルスの感染拡大が仕事のかたちを大きく変えました。テレワークが急速に広がり、会社へは出勤するものだという先入観が崩壊しようとしています。

パソコンを利用できる環境があれば、たとえ離島にいても、海外にいても会社業務ができる時代となりました。

キャリアコンサルタントとして働いているわたしは、日々、オンラインで相談者にアドバイスを行い、必要な書類はメールで送信します。

こうした仕事のスタイルが身につくと、それがいかに効率的であるかを実感します。仕事に無駄がなくなります。移動する時間も節約できます。

読者のみなさんは、新型コロナウイルスの感染拡大が終息すれば、仕事のスタイルは従来のものへ戻るとお考えでしょうか。わたしはある程度は戻ると思いますが、業績を回復することができない職種もあると思います。

その典型的な例として、交通業界があります。オンライン会議が当たり前になってくると、遠方にまで出張する必要がなくなるからです。海外出張も減るでしょう。鉄道・航空業界が縮小の方向へ向かうのは、確実です。

ＪＲは、リニア新幹線の工事を急ピッチで進めていますが、黒字経営ができるかは疑問です。

リニア新幹線の計画が生まれたころは、午前中に東京からリニアで名古屋へ出張して、昼前に戻るといったスタイルが想定されていたはずですが、オンライン会議が当たり前になると、事情は異なってきます。

職業を選択する場合、将来的に生き残れる仕事かどうかを見極める必要があります。

年功序列の時代はすでに終焉を迎えました。

新卒で入った会社を定年まで勤め上げるのではなく、やりがいのため、収入アップのために、転職するのが当たり前の時代です。

そのときに考えなければならないのは、どのような職であれば、この先もなくならないかということです。

AIによって今後、50％の仕事がなくなる、という話もあります。

しかし、たとえば飲食店は、生き残る職種のひとつでしょう。

人間は、食なしには生きていけません。飲食産業はどんな時代になっても一定の需要があるのです。その「食事」を運ぶデリバリー関連の仕事も生き残るでしょう。

わたしが職業としているキャリアコンサルタントも、絶対になくならない仕事のひとつです。

なぜなら、キャリアコンサルタントは、「人の仕事」を扱う職業だからです。

生きるために食が必要なように、人間には仕事が必要不可欠です。

しかも、自分の努力しだいで年収１０００万円も夢ではありません。

大企業のベテラン社員にならなくては得られない収入を、年齢とは関わりなく稼ぐことができます。

会社に拘束されることなく、フリーランスで高収入が得られる数少ない仕事のひとつです。

また、キャリアコンサルタントの資格を取ることで、会社や学校といった組織の中で認められ、高い評価を得ることも可能です。わたしの周りにも、そうしてキャリアアップしていった人が大勢います。

わたしは元々、専門学校で就職についての講義やアドバイスをしていたのですが、キャリアコンサルタントの資格を取得し、独立しました。今ではコンサルタント会社を経営しています。

この仕事が、常に社会から必要とされ続ける仕事と判断した結果にほかなりません。

このように、キャリアコンサルタントの仕事は、決してなくならない仕事です。

しかも、**高収入を得られる可能性があるだけでなく、人の役に立つ、やりがいのある仕事**でもあります。

人生において、どのような仕事に就くかということは、大きな決断です。

仕事は人生を輝かせる手段のひとつといえます。**キャリアコンサルタントは、多くの人の人生の決断をサポートできる、夢のある資格**なのです。

厚生労働省は２０２４年度末までに、キャリアコンサルタントを10万人養成する計画を打ち出しています。国があと押しする注目の資格といえるでしょう。

本書でわたしは、キャリアコンサルタントについてのすべてを読者のみなさんにお教えします。

ＰＡＲＴ1では、キャリアコンサルタントとはどのような仕事なのかを説明します。

ＰＡＲＴ2では、キャリアコンサルタントの活躍の場を紹介します。

ＰＡＲＴ3では、キャリアコンサルタントとしての専門分野の伸ばし方を教えます。

ＰＡＲＴ4では、キャリアコンサルタントとして高収入を得るためのノウハウを紹介します。

ＰＡＲＴ5では、キャリアコンサルタントの資格について教えます。

そしてPART6では、キャリアコンサルタントになるための効率的な勉強法に言及していきます。

働き方やライフスタイルの多様化が進み、キャリアコンサルタントが活躍できる場は増えています。

資格という消えない武器を手に入れ、会社や学校でキャリアアップする。

もしくはフリーランスとして好きなときに好きなだけ働き、十分な収入と自由な時間を獲得する。

本書がそのためのガイドブックになれば幸いです。

瀧本博史

2021年10月

目次

PART 1

キャリアコンサルタントとは夢を応援する仕事

PART 2 キャリアコンサルタントが活躍できる場はたくさんある

PART 3

専門分野を伸ばし、もっと活躍できる・もっと稼げるキャリアコンサルタントになる

PART 4

目指せ、年収1000万円！ キャリアコンサルタントでもっと稼ぐ・もっと活躍する秘訣

PART 5

キャリアコンサルタントになるにはどうすればいい？

PART 6 キャリアコンサルタントに最速で合格するための勉強法

PART
1

キャリア
コンサルタント
とは夢を
応援する仕事

キャリアコンサルタントは守備範囲の広い仕事

「キャリアコンサルタント」は、どんな仕事をしている人なのか、なかなか想像がつかない読者が多いのではないでしょうか。

「キャリアコンサルタントってハローワークにいる人じゃないの？」
「求人のマッチングをする人じゃないの？」
「経営コンサルタントのことでしょう？」

そんな質問をよく受けます。

確かにハローワークなどで相談者に対して総合的な支援を行っているので、その印象が強いのかもしれません。

次のＰＡＲＴ２で詳しく説明しますが、キャリアコンサルタントの守備範囲は広範囲におよびます。

たとえば馴染み深いところでは、高校や大学で生徒や学生を対象にした就活アドバイスです。

わたし自身も、大学で就職相談を担当したことがあります。

その中で、多くの学生と面識を得ました。

たとえば、**運動が苦手な女子学生を警察に就職させた**ことがあります。

この学生は、警察官だった祖父の影響を受けて、どうしても警察官になりたいという希望を持っていました。

しかし、彼女は運動が苦手でした。

頭のいい子で筆記試験はよくできるのですが、警察官に必要とされる運動能力は高くないのです。大学では茶道部で活動していたそうです。

「なぜ、警察官になりたいの?」と、わたしは聞きました。

「女性特有の悩みを持った人を助けたいのです」

運動は苦手でしたが、女性に対する犯罪などで力を発揮したいという強い思いがありました。

不合格が続いた警察官の採用試験。そこから大逆転の合格へ

警察官は、在学中に2回試験が受けられます。しかし、彼女は2回とも不合格でした。

採用されない原因は運動が苦手なことだと思われました。

警察官の採用試験は、筆記試験と論作文・体力試験などがあります。筆記試験や論作文などはまったく問題ないのですが、運動能力がネックでした。

採用試験では、ランニング、腕立て伏せ、腹筋、ジャンプなどの能力をチェックされるのです。

わたしは対策として、彼女に合気道を身につけるようにアドバイスしました。茶道をやっていたので、同じ「道」がつく合気道をすすめたのです。

合気道であれば、特別な体力がなくても習得できます。警察関係者が、武道経験者を好む傾向があることを踏まえて、わたしはこのようなアドバイスをしたのです。

実際、警察官になると、柔道または剣道などをかならず習得することになります。しかしこれらのスポーツは、体力がいる格闘技でもあります。そこで女性にもとっつきやすい合気道を出発点にすべきだとアドバイスしたのです。

彼女は、大学を卒業した翌年に見事に警察官の採用試験に合格しました。しかも高順位での合格でした。上位3分の1に入ったのです。

合気道をはじめたことで、面接官に自分を理解してもらえるチャンスが増えたのが要因でしょう。

このケースのように、キャリアコンサルタントは相談者の適性を見抜いて、必要な支援をする仕事です。

やりたかった仕事や適性のある仕事に就くことは、その人の生きがいや達成感につながります。

キャリアコンサルタントは、人と関わり、夢を応援する仕事なのです。

「仕事を探している人」と「仕事に就いている人」への2つの支援

キャリアコンサルタントの仕事は、大きく分けて2つあります。

ひとつは先に紹介したように、就職を希望している人に対する支援です。これは仕事に就くための準備も含みます。先の例でいえば、合気道を身につけさせるなどして、就職に必要な条件を準備するのです。

そのほかにも職業の適性を見極めたり、就職に不利な条件があるときには対策を練ったりします。

また、応募書類を添削したり、面接の練習をしたりもします。応募書類の内容は、人物評価の最初のステップですから、入念な確認が必要です。

たとえば資格欄に記入する資格の数が多ければ多いほどいいというわけではありません。「なぜこの仕事に応募しているのか」という志望理由がぼやけてしまい、書類審査で落とされることもあります。

また、面接の練習では、特に最近のオンライン面接対策として、話をするときの視線な

キャリアコンサルタントの２つの仕事

「仕事を探している人」への支援

↓

職業への適性を見極める。仕事に就くための準備、不利な条件についての対策。応募書類の添削、面接や試験のアドバイス　など

「仕事に就いている人」への支援

↓

パワハラをはじめとする就職後のトラブル相談、職業適性へのアドバイス、転職相談、就職後のトラブル相談　など

どをアドバイスすることが多いです。
とにかく相談者が就職に成功するようにさまざまな支援をするわけです。

キャリアコンサルタントのもうひとつの仕事は、「仕事に就いている人」への支援です。現在の職場には、パワハラをはじめ、さまざまな問題があります。なかには同僚や上司に相談できない問題もあります。

また、職場そのものには問題がなくても、自分の職業適性について悩んでいる人も予想外に多いのが実情です。

営業職に就いたが、まったく適性がないのではないかという相談などです。転職についての相談もあります。

キャリアコンサルタントは、相談者に適切なアドバイスをすることで、納得できる社会生活を築けるように支援する仕事です。

ですから、相談の範囲は就職から就職後のトラブル相談まで、多岐にわたります。

72歳で正社員として採用された男性

最近では、「人生100年時代」という言葉も聞こえてくるようになり、健康を維持しながら「働けるうちは働きたい」という意識の高まりがあります。

あるときわたしは、72歳の方から再就職したいという相談を受けました。

この方はもともと30年ほど自分で店を経営していました。不況で店をたたみましたが、まだ体力はあるので、働きたいというのです。

普通は、企業は50歳以上の人を、正社員として雇用しません。

72歳という年齢は、再就職ではかなりのハンディキャップです。

わたしはこの男性に、あまり職種や待遇にはこだわらないようにアドバイスしました。

高齢で再就職を希望する人の中には、過去の「栄光」にこだわりがあり、うまくいかない方が少なくありません。

つまり**「これまでの経験を活かせる仕事をしたい」「〇〇しかできない・やりたくない」という人が多い**のです。

たとえば長年エンジニアとしてやってきた人は、「エンジニアの仕事であればやるが、若手の育成には関わりたくない」など、**過去の経験にとらわれて、考えが凝り固まっている人が少なくありません。**

わたしは、この点を強調してアドバイスしました。

そして、就職できる可能性のある仕事について話し合いました。

たまたま、ある学校が夜の警備員を募集していたので、わたしはその方に応募をすすめました。そして、見事に正社員で採用されたのです。

72歳という年齢を考えると、奇跡的なことです。

評価されたのは「どんな仕事でもやる」という意気込みです。それが会社側に伝わったのでしょう。しかし、どんな仕事でもやろうという心境になるまでには、3か月ぐらいかかりました。実際、応募した件数も50件を超えます。

しかし、この方は不採用になってもいつも明るい顔をしていました。不採用でも「また来るよ」と言って帰っていきました。

こういう人柄が買われて、採用に至ったのでしょう。

その人の長所を引き出せたことに、わたしはキャリアコンサルタントとしての喜びを感じました。

キャリアコンサルタントは多様な人が目指す資格

わたしがこれまで経験した、代表的な相談例を挙げてみましょう。

「仕事をしながら、プライベートも充実させたい」
「仕事をしなければならないが、家族の介護もある」
「仕事と子育てを両立させたい」
「病気の治療を続けながら、仕事を続けたい」
「オンライン化が進んでいく中で、どのように働いていったらいいのか不安」

「高齢だけれど、働きたい」
「持病があるけれど、就職したい」

たくさんの相談者に接してわたしが感じているのは、相談者一人ひとりの抱える事情は千差万別で、まったく同じ問題は存在しないということです。

だからこそキャリアコンサルタントは、臨機応変に支援する能力が求められるわけです。そして、それがやりがいにつながっているのです。

当然、同じキャリアコンサルタントでも、得意な分野と苦手な分野があります。**得意な分野とは、改めていうまでもなく、キャリアコンサルタントになる前の職業に関連した分野です。**

わたしは、キャリアコンサルタントの前職を調査したことがあります。

次ページに示すのは、キャリアコンサルタントになっている方々の経歴です。元会社員や専業主婦はいうまでもなく、さまざまな分野の職種経験者がいます。

このように、多様な人々がキャリアコンサルタントになっている背景のひとつには、努

キャリアコンサルタントの経歴例

- 介護施設の職員や保健師
- 美容師
- 新聞記者
- 人材派遣会社勤務
- 学習塾講師
- 接遇講師
- マナー講師
- プログラマー
- コールセンターのオペレーター
- 公務員
- 教員
- 社会保険労務士
- 行政書士
- 介護福祉士
- 産業カウンセラー
- コーチ
- ファイナンシャルプランナー
- 客室乗務員
- デザイナー
- 小売店員
- 大学職員
- 団体職員
- 神社勤務
- ヨガインストラクター
- 臨床心理士
- エステティシャン
- 調理師
- 経営コンサルタント
- ケースワーカー
- MR（医薬情報担当者）

……などなど、さまざまな経歴の人が活躍している！

力さえすれば資格を得やすいという事情があります。

キャリアコンサルタントになる2つの方法

車の運転免許をとるには、2通りの方法があります。

1つ目は自動車学校に通って自動車の運転練習をして技能試験を免除してもらい、学科試験だけを受けて免許を取得する方法です。2つ目は自動車学校へは通わずに試験場へ飛び込みで行って、学科試験と実技試験の両方を受けて免許を取得する方法です。

実は、キャリアコンサルタントの受験資格も車の免許と同じようなシステムとなっています。大きく分けて2通りの方法があります。

まず、ひとつは、次に挙げる**実務を3年以上経験すること**です。

その実務とは、職業の選択に関する相談業務、職業に関連した生活設計の相談業務、職業の能力開発に関する相談業務です。これらの業務を3年以上経験すれば、受験資格を得

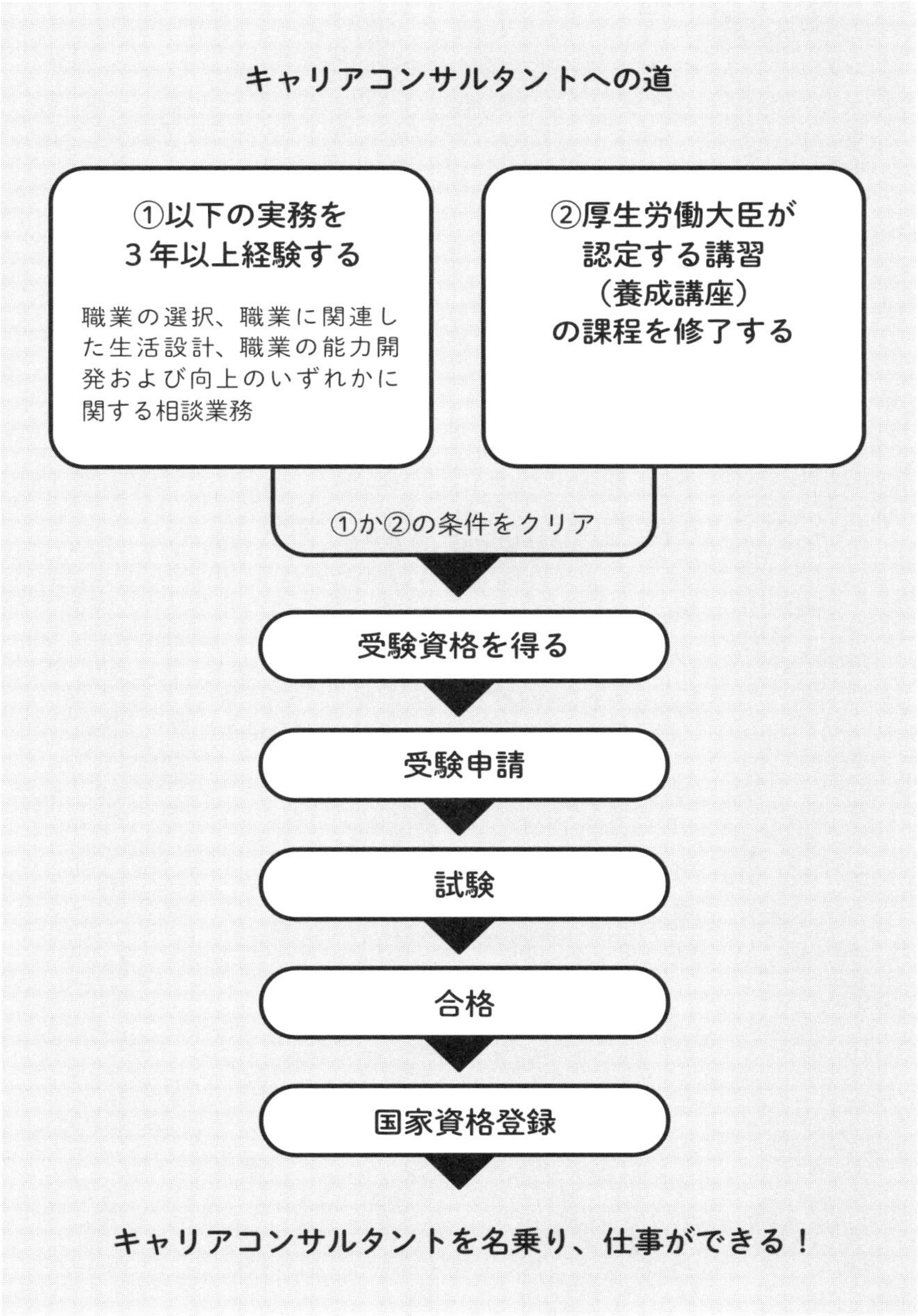
キャリアコンサルタントへの道
①以下の実務を
3年以上経験する
職業の選択、職業に関連した生活設計、職業の能力開発および向上のいずれかに関する相談業務
②厚生労働大臣が
認定する講習
（養成講座）
の課程を修了する
①か②の条件をクリア
受験資格を得る
受験申請
試験
合格
国家資格登録
キャリアコンサルタントを名乗り、仕事ができる！

ることができます。

受験資格を得るもうひとつの方法は、厚生労働大臣が認定する**講習**（**養成講座**）**の課程を修了すること**です。大半の人は、この方法で受験資格を得ます。

ちなみに、キャリアコンサルタントが国家資格となったのは2016年4月からです。したがって、比較的新しい資格といえます。

それまで、キャリアに関する国家資格はキャリアコンサルティング技能検定の1級と2級だけでした。これらの検定は現在でも行われており、2級は熟練者レベル、1級は指導者レベルと位置づけられています。

キャリアコンサルタントが国家資格となった理由

なぜ、キャリアコンサルタントが技能検定に遅れて国家資格となったのでしょうか。

従来、キャリアコンサルタントという資格は、民間資格として複数の団体が検定を実施していました。時代は平成不況の真っ只中。仕事に就くため、仕事を続けるための支援者が求められていたのです。

民間資格は、それぞれの団体によって資格の合格基準がまちまちです。そこに統制をとる必要性が生じました。

そこで**厚生労働省が登録制の国家資格にすることを決め、キャリアコンサルタントを国家資格にした**のです。

「調理師」や「気象予報士」などと同様に、登録することによって「キャリアコンサルタント」と名乗ることが認められるようになりました。

キャリアコンサルタントでない人は、紛らわしい肩書を使えません。名称独占資格を得たのです。

名称独占という特権を得るかわりに、キャリアコンサルタントが守秘義務違反や信用失墜行為をした場合には、30万円以下の罰金が課せられることになっています。

一般的なキャリアコンサルタントの年収は？

キャリアコンサルタントの資格を持つ人が、どういった規模の企業に勤務しているかを調べた報告があります（「キャリアコンサルタント登録者の活動状況等に関する調査」労働政策研究・研修機構：２０１８年）。

32・2％の人が、全従業員数が１０００人を超える大企業に勤務していました。次いで、従業員数29人以下が18・5％、１００〜２９９人が17・9％となります。

では、キャリアコンサルタントの年収を見てみましょう。

キャリアコンサルタントの年収で最も割合が高かったのは「２００〜４００万円未満」で33・2％、次いで「４００〜６００万円未満」が21・5％、「６００〜８００万円未満」が14・1％、「２００万円未満」が15・7％となっています。

しかし、１０００万円以上稼いでいる人は7・9％います。

キャリアコンサルタントと収入

給与所得者の年収分布

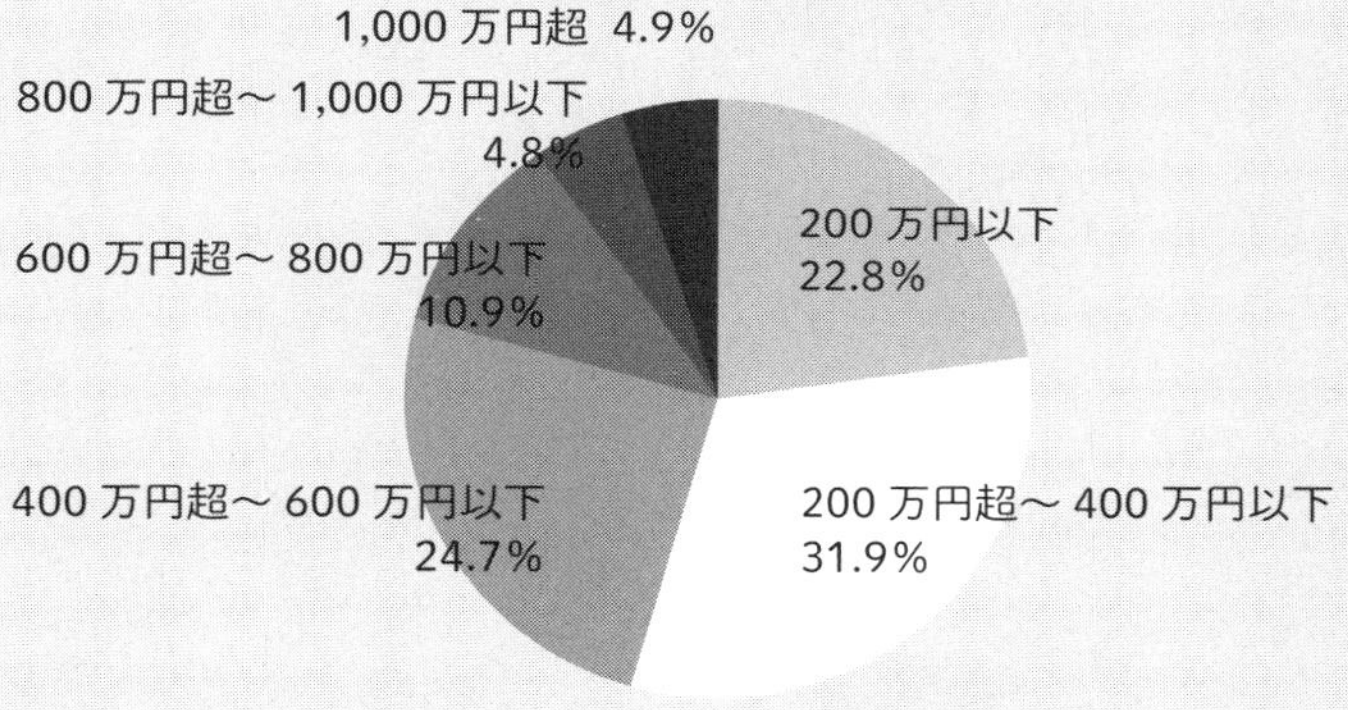

国税庁「民間給与実態統計調査」2020 年

キャリアコンサルタントの年収分布

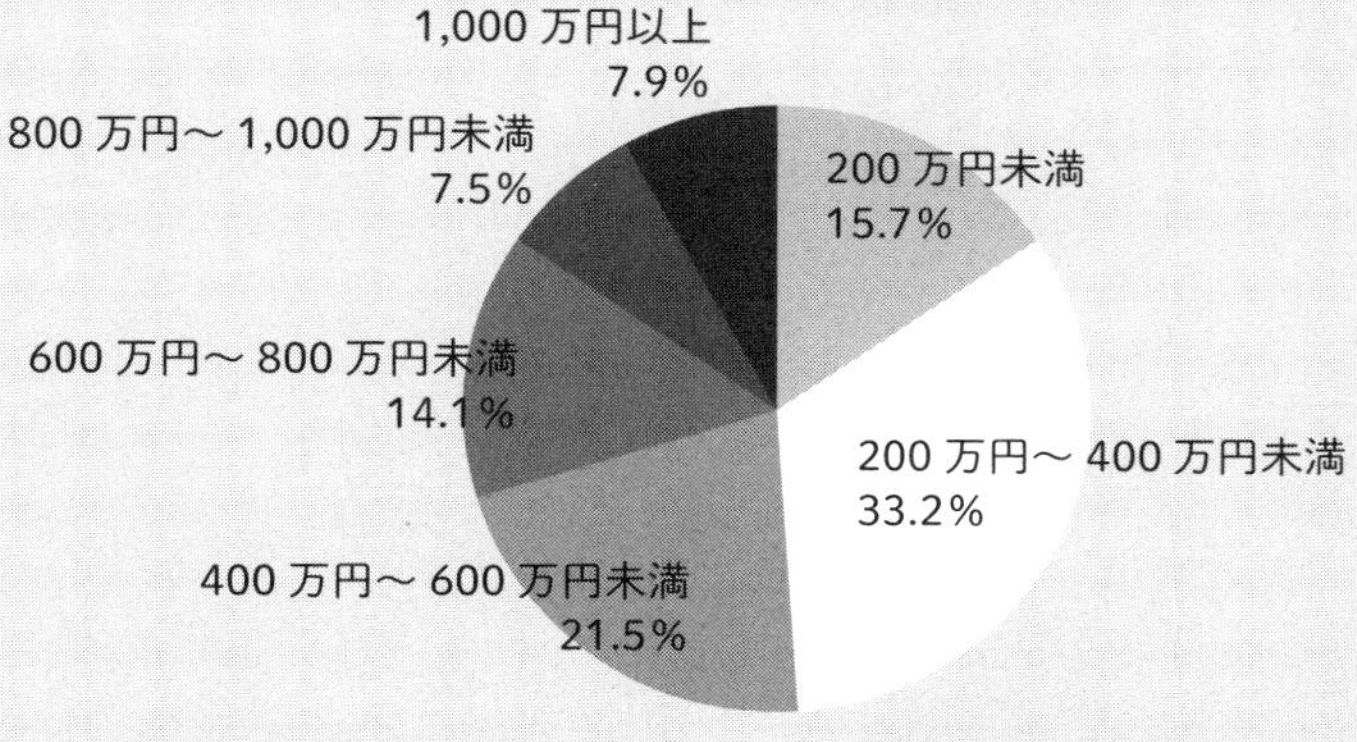

労働政策研究・研修機構「キャリアコンサルタント登録者の活動状況等に関する調査」2018 年
※小数点以下第 2 位を四捨五入しているため、合計しても 100%にならない。

全体の平均年収は日本人の平均年収と同じ約440万円です。
また、実務経験を積めば収入は増していく傾向にあります。

「民間給与実態統計調査」（国税庁：2020年）で比べてみると、「年収600～800万円未満」、「年収800～1000万円未満」、「年収1000万円以上」という高年収では、キャリアコンサルタントのほうが高い割合となっています。

非正規のキャリアコンサルタントの場合は、200万円から400万円ぐらいが相場となっています。ここは収入が多いとはいえません。

フリーランスや自営、ボランティアで働くキャリアコンサルタントの収入は、200万円未満が多いのが実態です。また、60歳を超えてしまうと収入が減少する傾向もあります。

性別で見てみると、女性は「専任・専業」である割合が約4割で、男性よりやや高くなります。配偶者の扶養に入りながら、専業で活動をしている人の割合が高くなっています。

正社員として働きながら副業としてキャリアコンサルタントとしての活動をしている人もいます。週に1回程度、活動して年収アップにつなげているのです。

PART3とPART4では、あなたに合った稼ぎ方をお伝えしていきます。

副業としてのキャリアコンサルタント

キャリアコンサルティングをしながら、関連する活動で生計を立てている人もいます。

キャリアコンサルタントの主な活動の場は、「企業内」ですが、最近はそれ以外の機会も増えています。

精神や身体に障がいのある方々に対する支援、ジェンダーや生活困窮に対する支援、ひとり親家庭に対する支援などもあります。

犯罪被害者、受刑者、出所者に対する支援は、専門性が高い分野です。より専門的な支援ができるキャリアコンサルタントの需要が増えています。

さらに、中高年層を対象とした転職専門のキャリアコンサルタント。

アスリートの引退後のセカンドキャリアを支援するキャリアコンサルタント。

これから期待される分野なら、ユーチューバーやプロゲーマーへの支援も考えられます。

いずれもスキマを突いた新しい分野ですから、ライバルも少なく、稼げるチャンスは豊富にあります。

専門性の高め方に対するヒントは、PART3で詳しく紹介していきます。

ワンポイントアドバイス

新しく登場した「セカンドキャリアアドバイザー」資格

2020年12月には、「セカンドキャリアアドバイザー」という新しい資格が登場しました。これは民間資格ですが、自分らしいセカンドキャリアの選択と形成を支援するための資格です。セカンドキャリアを専門にしたいなら、こういった資格を合わせて持っておくのもおすすめです。

こういった資格が登場するのも、キャリア形成が重要視されている証です。人生100年、予測できない時代だからこそ、キャリアコンサルタントが活躍し、稼げるチャンスが到来しているといえるでしょう。

PART 2

キャリアコンサルタントが活躍できる場はたくさんある

キャリアコンサルタントが活躍できる場所は4つ

キャリアコンサルタントが活躍できる舞台は、広範囲にわたっています。このPART2では、最初にキャリアコンサルタントが「仕事する場所」に焦点をあてます。そして次のPART3では、キャリアコンサルタントの「専門分野」について説明します。両者は重複する部分もありますが、これら2つの視点を通じて、キャリアコンサルタントとはどのような仕事なのかを明らかにしましょう。

キャリアコンサルタントが「仕事をする場所」は、大別すると4つあります。具体的には、企業、需給調整機関（ハローワーク・人材系企業など）、学校・教育機関、地域です。

先ほども紹介した、2018年に発表された「キャリアコンサルタント登録者の活動状況等に関する調査」（労働政策研究・研修機構）によると、キャリアコンサルタントが活動する場で最も多いのは、企業です。以下、需給調整機関（ハローワーク・人材系企業など）、学校・教育機関、地域の順になっています。

キャリアコンサルタントが活躍する４つの場所

企業

新入社員から退職者まで、全年代に向けたキャリアのアドバイス（人材活用、能力開発、雇用形態、勤務形態など）、ハラスメントなどのトラブル対策

**働く人の
入社から定年までを
広範囲でサポート！**

需給調整機関
（ハローワーク・人材系企業など）

職業紹介（職業適性の見極め、応募書類の添削や模擬面接など）と職業相談（悩みなどを一緒に考える）、雇用保険等に関する相談、求人開拓業務

学校・教育機関

幼児期から青年期まで年齢に応じたキャリア教育の実践、社会や地域と連携した職業教育や就労支援、大学のキャリアセンターで就職指導

**学生に向けて
仕事選びや働き方などの
キャリア教育を！**

地域

地域の就職支援窓口での就職相談・職業についての講座、ハンディキャップのある方への就労支援、自治体の就職支援活動への協力（ハローワークとの連携）

それぞれの職場の特徴を紹介しましょう。

企業

新入社員から退職者まで、キャリアのアドバイスをする

まず、企業についてです。

再就職に取り組んでいる企業の中には、50歳ぐらいになると、セカンドキャリアについて相談する機会を設ける企業があります。

そこでは、再就職についての考え方を指導したり、自分のセカンドキャリアについて考える時間をつくったりします。ここにキャリアコンサルタントの需要があるわけです。

近年は、個人の価値観も変化して、「自分の時間を大切に充実した生活をしたい」と考える人が増えました。こうした傾向は若手従業員に特に強く表れています。

また、経営の効率化にともない、終身雇用制は崩壊へと向かっています。年齢よりも実績を重視する方向があるのです。

たとえば役職がはずれることで、自分の部下が上司になることがあります。キャリアコンサルタントはこのような事態にどう対処するか、などを指導します。

相対的に見て、**企業にはキャリアコンサルタントの働きが求められる場面がたくさんあります。入社から退職まで、さまざまな段階にキャリアコンサルタントの活躍の場があるのです。**

ひとりの社員の入社から退職までを時系列でみれば、最初は採用計画の立案と実施です。次に採用された人に対しては、職場への適応の段階でサポートします。

その他、人材の活用、能力開発、人事異動、時短勤務、転機への対応、求職、復職、役職定年、セカンドキャリア、定年、出向、転籍、継続雇用などは例外なく担当分野になります。

さらに社会や人間関係が複雑になるにつれて、働き方への悩み、ワークライフバランス、メンタルヘルスなどの需要も増えてくると予測されます。

入社から定年退職までの40年にもわたる職業人生は、「採用関連」「就業中」「定年」の

3つに分類できます。

それぞれの段階で、キャリアコンサルタントには活躍の場があるのです。

最も重要なことは、社員一人ひとりが「自分に必要なものは何か」という問題意識を持ち、能動的に自身の能力開発を行うよう、働きかけることです。

キャリアコンサルタントは、専門的な立場からそれをサポートします。

企業

ハラスメントなどトラブル対策で活躍する

法律の改正により50人以上の労働者がいる事業場では、ストレスチェックが義務づけられています。

また、障がい者雇用の法定雇用率変更により、人事・総務部門において障がいのある社員が安心して働ける就業環境やサポート体制を構築、運営することが義務づけられています。

そのためにこれらの業務を行えるキャリアコンサルタントのニーズが高まっています。

こうした観点で見ると、キャリアコンサルタントの資格があれば、EAP（従業員支援プログラム）を専門とした会社に就職することもできます。**担当するのは、メンタルヘルスに関わる研修の講師や出張面談です。電話やウェブ面談を担当する機会も増えています。講師として年収アップを実現していくことができます。**

また、ハラスメントに関する法律が施行された関係で、企業は対応に追われています。トラブルによっては、訴訟になることもあります。

しかも、訴訟の件数は相対的に増える傾向にあります。なかには解雇に関する最低限のルールを知らない経営者もいるので、専門知識を持っている人材が必要になります。

キャリアコンサルタントはトラブルが起きたときには、外部の弁護士とも連携して対策を行います。

個々の案件を検討して、注意、指導、制裁などを補助します。必要であれば再発防止策の立案もします。

需給調整機関

ハローワークでの求人情報の提供

需給調整機関の代表格は、ハローワークです。

ハローワークもキャリアコンサルタントが活躍する場です。

ハローワークでキャリアコンサルタントが関わる主な業務は、職業紹介と職業相談、それに雇用保険に関する相談です。

職業紹介は求職者にハローワークの求人情報を紹介する仕事です。

応募書類の添削や模擬面接など、マッチングに関わる業務もあります。

職業適性を見極めるために必要な自己分析や業界に関する情報の提供も行います。

職業相談は働く上での悩みや生きづらさなどに対する業務です。

転職相談だけでなく、どうすれば今の仕事を続けていけるのかを一緒に考えることもあります。

ハローワークの業務は細分化されています。若者、育児中の女性、障がい者や生活保護受給者、高年齢者などに対して、専門的な支援も準備されています。

また、あまり知られていませんが近隣の求人開拓業務もあります。ハローワークの相談員と福祉事務所の担当員や役場の職員などがチームをつくり、求職者を就職へと導くこともあります。

ハローワークは相談員を雇う場合、1年単位で契約を更新します。非常勤のかたちです。その更新回数は3回。つまり3年を上限とするのが一般的です。身分は公務員です。

しかし、いったん雇い止めとなったあとに、再度公募というかたちで新規の応募をすることができます。そこで選抜されれば、仕事を続けることができます。

1年ごとに勤務評価があります。

その際に、自身が担当したクライアントの就職率などの実績が重視されます。また業務遂行能力や接遇対応能力も参考にされます。

ワンポイントアドバイス

ハローワークで働くには？

ハローワークで働くには、最寄りのハローワークへ行って求人票を検索し、そのまま窓口で直接応募するのが一般的です。

ハローワークの業務は倍率が高いです。求人票が出たらすぐに応募しないと、受付が締め切られてしまっていた、ということが多いので注意が必要です。

選考は書類選考と面接があります。履歴書と職務経歴書による書類選考と、面接は1回または2回となっています。

需給調整機関

ハローワークでのジョブ・カードの作成支援業務

高橋道夫（仮名）さんは、首都圏で英語教師をしていました。出身地へUターンしてハローワークで働きはじめました。

高橋さんは、元々、学級担任や部活動の顧問のほかに、学校説明会や入試の準備なども行っていました。

「ひとりでは解決できない悩みを抱えている人のサポートをしたい」と考えていたこともあり、教師になったのですが、雑用が増えていき、生徒一人ひとりに関われる時間が少なくなってしまいました。

「なんのために教師になったのか？」

「教育の仕事というよりも、雑用係ではないか」

高橋さんは、職場に失望して休職してしまったのです。

休職中に次の道を考えたとき、人と直接接することができる人材紹介会社で働きたいと思うようになりました。そこで再就職に有利なキャリアコンサルタント資格を取得したのです。

人材紹介会社でしばらく勤務したあと、現在は郷里のハローワークでジョブ・カードの作成支援業務を行っています。天職とさえ感じられるといいます。

最近お会いしたとき、高橋さんはこんなふうに話していました。

「**仕事の喜びは、キャリアコンサルタントの養成講座で学んだ傾聴の技術や心構えを実践できることです。相談者から学ぶことも多く、日々成長している実感があります。とても充実しています。**

今後は教員対象のキャリアコンサルティングやメンタルケアにも挑戦したいと考えています。また、英語教師だった経験を活かして外国人雇用に関するキャリアコンサルティングも考えています」

キャリアコンサルタントの仕事にやりがいを感じている様子でした。

需給調整機関

自治体が主催するマッチング業務

需給調整機関でのマッチングの仕事では、わたし自身、印象深いエピソードが少なくありません。大阪で働いていたときのことです。

ある大御所歌手の弟子だった女性が相談に来ました。

彼女は元々、旅行代理店で働いていました。話が軽やかで歌もうまく、当時は、この方と一緒にいくバスツアーもあったそうです。歌のコンテストでも賞を受賞していました。

そのうち大御所の歌手の事務所から声がかかりました。うちに来ないかと誘われたのです。誰でも知っているかなりの大御所ですから、彼女はその申し出に応じました。

そして、門下生の一員として迎えられ、大御所が経営するカラオケ店の責任者となりました。しかし、頑張った甲斐なく、事業は軌道に乗らず、2年で撤退が決まりました。それと同時に仕事も失いました。


世間は無情なものです。どうすればいいのかわからなくなって、大阪にやってきたというのです。だれも知り合いがいない街をあえて選んで引っ越してきたそうです。

彼女は困り果てていました。

「手に職もないし、どうすればいいのでしょうか」

「なぜ大阪に来たのですか？」

「なんとなく住みやすそうな気がしたので。でも、知り合いもいなし、年齢も高いし、どうすればいいかわからなくて」

彼女の経歴を聞いて「人と接する仕事がいいんじゃないでしょうか？」と提案してみました。元芸能人だけあって、とても人当たりがいいのです。

わたしは応募できそうな職をいくつか提案しました。

これまで就職関連の書類を書いたことがないというので、書類の作成から指導しました。

その結果、**わずか2週間で3件の就職が内定しました。**インテリア関係のお店、スーパーマーケット、パスポートセンターです。

年齢が高く、資格もなく、前職の経験を活かせない方が、こんなに早く仕事が見つかることはまれです。

結局、この女性はパスポートセンターに就職しました。

キャリアコンサルタントは、求職者のいいところを発見して、それを活かす仕事です。

そこにやりがいを感じます。

需給調整機関

履歴書の書き方ひとつで就職に成功

次に紹介する例も、わたしが就職を成功に導いた事例です。

相談者は、松本芳子(仮名)さんという方です。松本さんは、保育士になるため学校へ通い、保育士の資格を取りました。そして保育園で働きはじめました。

ただ、この職場の環境が劣悪でした。しかし、松本さんは頑張って9年間は在職しました。保育園では通常の業務だけでなく、人事や総務関係の仕事も任されていた関係で、社会保険労務士の資格を取りました。

しかし、**保育士の仕事を辞めたあと、いろいろな会社に応募するも、採用には至りませんでした。書類審査も通らないのです。**

そこで何が問題なのかを、いろいろと考えてみました。

保育士を9年続けたわけですから、仕事そのものは気に入っていたはずです。

それにもかかわらず、なぜ社労士の資格を取って職探しをしているのか、その動機が履歴書からはわかりません。

何か前職で問題を起こしたのではないかという疑いを受ける可能性もあります。

わたしはこれが書類審査で落とされる原因ではないかと考えました。そこで書類の書き方を工夫することにしました。


履歴書の資格欄に、保育士の資格を書かないようにしたのです。

その結果、書類審査が通って、面接に進むことができました。

彼女は面接の場で、なぜ社労士の資格を取ったのかを話しました。

保育の仕事そのものは好きだが、園の厳しい経営と労働環境を考えると、将来の展望が見えなくなった。そこで資格を取って、転職を選んだと、伝えたのです。

すると見事に採用となりました。

求人先に勝手な先入観を抱かれないように、書類の書き方を工夫したことが勝因でした。

学校

小学校から大学まで キャリアコンサルタントは活躍できる

3つ目の仕事する場所は、学校です。

学校では児童、生徒、学生たちに対する職業教育や就職支援を行います。先に紹介しました警察官になった女子学生の話は、ひとつの具体例です。キャリアコンサルタントであるわたしが、運動が苦手だった彼女に合気道をすすめ、警察官の試験に合格に導いた例です。

学校では、社会人として、あるいは職業人として活躍できるキャリアを育てる支援を行っています。

それぞれ幼児期から青年期まで、年齢に応じた教育の実践（キャリア教育）が求められます。

たとえば、小学校の授業では、「職場見学」があります。年少のうちから、仕事とはどういうものなのかを見せておくことが目的です。

小学校の場合は教師が職業指導することが大半ですが、まれにキャリアコンサルタントが臨時に代行することもあります。

中学校では、「職場体験」が実施されることがあります。

職場体験とは、実際に生徒が事業所や工場などの現場で働く人からの学びを通じて、職業や仕事について考える学習を指します。

職場体験を行っている公立中学校は全体の98・6％（国立教育政策研究所：2017年度）です。ほぼすべての公立中学校が職場体験を行っていることになります。

学校

高等学校でインターンシップの指導

高等学校では、キャリアコンサルタントの活躍の場が広がります。

高等学校では2年時に、キャリア教育の一環としてインターンシップ（就業体験）が行われています。2017年度の公立高等学校（全日制・定時制）におけるインターンシップの実施率は84・8％となっています。

ちなみに、卒業生にとったアンケートで実施してほしかった体験活動の1位は、「就業体験（インターンシップ）」です。**キャリアコンサルタントは、社会や地域と連携して教育活動を行います。その中で働く意義やマナーを教えます。**

わたしの知り合いに、高校生を対象とした就職講演を行っている女性がいます。この方は、子育てを終えてからキャリアコンサルタント資格を取得し、得意の話術を活かした講演活動をはじめました。

彼女はもともと、テレビやラジオでレポーターの仕事をしていましたが、子育てが一段落して再就職し、自分の職業体験を講演で話す機会を得たのです。その中で自分にも何かできることがあると気づき、職能に磨きをかけるために資格取得を決意したそうです。

現在は、高校生の進路への不安を取り除き、自分の人生に希望を持ってもらうことを目指して講演をしています。彼女は、仕事の体験を次のように話してくれました。

「講演を開始したときには興味がなさそうだった生徒が、終盤ではしっかりと前を向いて

聞いてくれるようになったり、講演後に自分の進路についての悩み相談をしにきてくれたりしたときは、やりがいを感じます。わたしの話が心に響いたことを実感します」

学校

大学のキャリアセンターで就職指導をする

キャリアコンサルタントにとって、活躍できる場が多いのは大学です。

2020年度の学校基本調査によると、大学と短大を合わせた進学率は58・6%と、過去最高になりました。

受験生は大学のステータスだけでなく、その大学が行う就職のサポート体制についても注目し、大学を選択する際のひとつの基準にします。

各大学には就職支援を行うキャリアセンターやキャリアサポート室などという名称の部署が設置され、学生の就職を支援しています。

わたしも大学でキャリアコンサルタントとして活動した時期がありますが、大学の中でも重要な部署のひとつでした。

近年、大学生の就職観は変化してきました。

マイナビ2021年卒大学生就職意識調査によると、「楽しく働きたい」がトップで、「個人の生活と仕事を両立させたい」が2位、「人のためになる仕事をしたい」が3位となっています。稼ぐことに固執していないことが特徴です。

慢性的な少子化で、労働力人口が減っていく中、次代を担う人材を確保したいと考える企業に対応するために、各大学は「採用に長けた人材」を求めています。

ここがまさにキャリアコンサルタントの活躍が求められている理由です。

当然、ここでは大学生を対象にした就活スケジュールやエントリー方法に詳しい人がより求められます。

そういった意味では、金融や食品、自動車、航空、物流などの大手企業に対応できる業界出身者のキャリアコンサルタントは重宝がられます。また、公務員を志望する学生に対応できる人材も需要が高いといえます。

大学で求められるキャリアコンサルタント

- 就活スケジュールやエントリー方法に詳しい
- 金融、食品、自動車、航空、物流など、就活で人気の業界事情に詳しい
- 英文履歴書やエントリーシートの添削ができる
- 単科大学では、ファッションやデザインなど、該当分野に詳しい
- キャリア形成についての知識やマナーの講義ができる

さらにグローバル化の波を受けて、英文履歴書の添削ができる人も必要です。大学院生の就職支援ができるキャリアコンサルタントも貴重です。

美術系やデザイン系などの単科大学では、特にその分野に詳しいキャリアコンサルタントが求められます。

ちなみに大学によっては、卒業生に対しても、就職先とのミスマッチに対応する体制を取っているところもあります。当然、卒業生の支援ができるキャリアコンサルタントにも需要があります。

さらにキャリアコンサルタントは、キャリア関連の授業を行う教員として授業を担当す

ることもあります。そこでは、キャリア形成に関する知識やマナーを教えます。

ときには学生のインターンシップへの参加を評価して、成績をつけることも求められます。自身の人脈を使ったインターンシップ先のコーディネーションができるキャリアコンサルタントは重宝されます。

このように、大学では、社会や産業との連携のもとに学生の社会的・職業的自立について指導できるキャリアコンサルタントに活躍の機会があります。

学校

2浪で、さらに2年留年した学生が上場企業に就職

千葉勇也（仮名）さんは、理系の機械科の学生でした。

千葉さんはやさしい性格ですが、人に流されやすく、多少いいかげんなところが見受けられました。大学入学前も、ふらふらして2年浪人しました。

大学でも、自分がやりたいことを見つけられないまま、2年留年しました。親からはい

いかげんにしろと叱られたそうです。

4年生の8月になって、千葉さんはわたしのところへ相談にきました。

「親がうるさいので、やっと就職する気になりました」

そんなふうに話していました。

千葉さんの場合、2年間の留年はどう過ごしたのかを、就職面接で合理的に説明する必要がありました。

実際には、だらだらと過ごしたようです。アルバイトをしても続かなかったようです。

しかし、**彼の人間的な成長を、面接官にわかってもらわなければ合格しません。**

「なぜ留年したの？　本当の理由は何なの？」

わたしはコンサルティングをはじめました。

「1年生のときに、大学を辞めて音楽の専門学校へ行くことを考えました。そこでは体験入学もしました」

千葉さんは、音楽の専門学校が気に入りました。しかし、学費を支払う段階になると親が承知してくれません。そのままずるずると1年を過ごしてしまったのです。

そのことが原因で燃え尽きた状態になり、学習意欲を失い、留年してしまったようです。

しかし、これは面接では言えません。

そこで**「学業に取り組んでいたが、それ以外にも活動を広げすぎた」と説明するように指導**しました。

そうこうしているうちに、たまたまA社から大学に欠員の募集がありました。そこで千葉さんは、A社の面接を受けました。

A社はプラントなどをつくっている上場企業です。その関係で高所での作業も行います。千葉さんは、現場監督になることも希望しました。

2年の留年について、千葉さんはごまかさずに丁寧に説明をしました。その姿勢と、もともとの性格のよさが評価され、採用となりました。

学校

偏差値よりも就職実績で大学を選ぶ時代に

短大・大学などの高等教育機関には、入学という「入口」と、就職という「出口」があります。

これは専門学校についてもいえることですが、特に短大と大学は、年々、その就職実績で選ぶ傾向が顕著になってきています。

しかも、近年、生徒が大学を選ぶ基準には変化があります。

かつては偏差値によって進学先を選択していましたが、現在は教育内容によって「行きたい大学」であるかどうかに選択基準が変わってきました。

どの学校へ行けば、どのようなところに就職できるのかというのは、受験生本人だけでなく保護者にとっても関心のあることです。

大学には、キャリアセンターという就職関連の施設があります。

この部署は、学生に対して、個別の就職支援や、就職関連の各種セミナーも行います。学生のために、企業や官公庁の採用担当を集めて学生向けの説明会を企画することもあります。インターンシップ関連のイベントも企画します。さらに卒業生の就職後の支援を行う学校もあります。

キャリアコンサルタントは、学生だけではなく、保護者の相談に乗ることもあります。そのためには状況に応じた相談対応能力も必要とされます。

ワンポイントアドバイス

大学のキャリアセンターで働くには?

大学のキャリアセンターは、大学が運営しているケースと、民間企業と大学が提携しているケースがあります。

つまり、大学のキャリアセンターで働くには、

①正規の職員採用試験を受け、大学職員となって働く

②キャリアセンターの運営を民間企業と提携している大学で働く

という2つの方法があります。

①の場合は、正規の職員採用試験を受け、大学職員となって働くことになります。正規の職員採用試験は、各大学のホームページに不定期に出される求人をチェックするのが一般的です。

また「大学職員への道」(https://大学職員への道.com/)などの大学職員の求人をまとめたウェブサイトを確認する、ハローワークへ行って端末から直接検索して応募する方法もあります。

採用された場合には部署異動があるため、キャリアセンターとは違う部署に配属される可能性もあります。

②の場合は、同様に、ハローワークへ行って端末から直接検索して応募する方法があります。

また、キャリアコンサルタントの検定に合格・登録後、登録した団体や養成している団体から送られてくるメールに、求人が掲載されていることもあります。見逃さないようにチェックしましょう。

こちらは採用された場合、異動はありません。

業務は就職相談や書類添削が中心で、学生向けセミナーの実施、インターンシップの引率などが業務となります。ほぼ残業はありません。

週に1日勤務など、フリーランスやボランティアで働く人もいます。

学校

学生一人ひとりとしっかりと向き合い、サポートする仕事

これもわたしの体験になりますが、ひとりの学生に対して複数年にわたって就職対策を行ったこともあります。

あるとき、**わたしのところに分数の計算ができない学生が相談にきました。**

この学生は、市役所への就職を希望していました。ところが筆記試験では数学の出題があります。

大学入試では数学がなかったために、数学が苦手になってしまったのです。最近は推薦での入学も増えており、やはり数学を勉強する機会がありません。分数の計算ができない

学生は決して珍しくないのです。

そこでわたしは、週に1回、時間を決めて、数学の指導をすることにしました。1回の指導が40分。2年生のときから指導して、合計で100回ぐらいの個人講義をしました。家庭教師のようなものでした。

こうして努力を重ねた結果、**この学生は市役所の試験をクリアし、希望通りの就職ができました。**

学校

卒業後も面接練習を繰り返した大学生

大学の取り組み方によって、学生の姿勢にも違いが生まれるものです。

就職面接の意図がよくわかっていない学生に対して、「なぜ、公務員になりたいのですか」と面接練習で聞いてみると、「安定のためです」や「福利厚生がいいからです」などと答えます。

ある学生は、勉強はよくできましたが、人間性が未熟でした。あまりにも一般常識に欠けていたのです。

アルバイトをしなくてもいい環境を親がつくってくれたこともあり、学生時代から公務員になるための勉強に専念できました。しかし、それにもかかわらず、**在学中に公務員試験に合格することはできませんでした。**

やはり**面接に問題があったのです。**

そこで卒業後も、わたしのもとへ通ってもらい、面接の練習を徹底的に繰り返しました。面接についての常識を教え込みました。

また、仕事を知るために官公庁での非常勤のアルバイトをすすめました。そして、面接試験の配点が比較的低い官公庁を紹介することもしました。

在学中の相談も合わせて130回ぐらいの面談を重ねました。その甲斐あって、最終的には希望のところへ合格しました。

学校

専門学校で活躍するキャリアコンサルタントとは

高校卒業後は、専門学校へ進学する学生も少なくありません。

特に理美容、調理師、自動車整備士などの資格取得によって職業選択の機会を得られる分野は、安定した人気があります。

専門学校には、ほかにも簿記や会計、公務員、情報処理、ペット関連などさまざまな分野があります。実務に直結した、あらゆる分野の専門学校があるのです。


いずれの分野においても、学生に職業に対する理解や目的意識を持たせた上で、専門知識を習得させます。

専門学校によっては、独自に就職課を設けているところもあります。**学生は就職課に集まる求人をもとに就職活動を行い、キャリアコンサルタントはそれを支援します。**

学生が希望する職種が多様化しているので、キャリアコンサルタントにも幅広い知識が求められます。

専門学校としては、自校が扱う分野出身のキャリアコンサルタントを必要とします。たとえば客室乗務員を養成する学校であれば、JALやANAなどに勤務したことがある人が求められます。実際、元客室乗務員のキャリアコンサルタントも少なくありません。

このように、専門学校では、専門性があるキャリアコンサルタントの中途採用が増えています。

また、専門性の高い外部のキャリアコンサルタントと契約することもあります。それにより、専門学校は就職実績を挙げていきます。

専門学校においては、その状況やニーズが異なります。

キャリアコンサルタントは、自分の得意分野や希望を考えて、どの分野でキャリアコンサルタントとしての業務を行うのかを決める必要があります。

学校

専門学校を卒業して20歳で大卒同等の公務員になった青年

酒井大地（仮名）さんは、わたしが勤務していた専門学校で知り合った学生です。法務教官を目指していました。

法務教官というのは、少年院の教師のことです。

高校卒業後に専門学校で2年間学べば、卒業時に専門士の称号が付与され、法務教官試験を受験する資格が得られます。

普通は21歳にならなければ受験できないのですが、特例として20歳で受験しました。そして見事に合格しました。

わたしは面接を中心に指導しました。

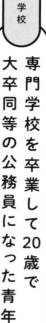

面接官は何を評価したのでしょうか？　おそらく人間性を総合評価したのだと思います。しっかりと自分の生活に向き合ってきた真面目さが認められたのだと思います。

採用されるかどうかは、年齢に関係なく人間性にかかっているのです。面接官に自分を理解してもらえるかどうかがカギです。

キャリアコンサルタントの仕事は、受験者のよい面を探し出して、アピールする方法をアドバイスすることです。ここがいちばん大事な点です。

酒井さんは、高校までスポーツをやっていて、背も高く、ハキハキしていました。そして何より、この仕事がしたいという使命感が強かったのです。年齢も少年院の生徒と近いので、彼らを何とかしてやりたいという気持ちを持っていることが、面接官に伝わったのだと思います。

スポーツをやっていたので、先輩たちを立てることもできます。周りとうまくやれるかどうかも、評価ポイントです。

少年院では、生徒と一緒にグラウンドを走ったり、腰に縄をつけて電車に乗ったりもします。泥臭い仕事です。生徒の中には、犯罪を繰り返す傾向を持つ者もいますが、そういった面に対する彼のひたむきな思いも評価されたのだろうと推測します。

酒井さんが最年少で採用に至ったことは、わたしにとってもうれしい体験でした。

地域

労働力人口の減少と自治体の取り組みで増える仕事の需要

キャリアコンサルタントが「仕事する場所」の4つ目は、「地域」での活動です。

たとえば、東京都が就職支援のために設置した「東京しごとセンター」には、55歳以上のシニアを支援する窓口や、女性の再就職を支援する窓口があります。それだけ職を求めている人が増えているわけです。

少子高齢化が進んでいるので、労働力人口を増やさない限り、国が破綻してしまいます。こうした状況下で、**国だけでなく、就職の支援を積極的に行っている自治体が増えています。**

窓口を設けて就職相談に乗ったり、職業についての講座を開いたりします。特に障がい者など、何らかのハンディキャップを持った方々に対する支援を目的としている場合が多いです。

わたしも自治体が主宰する活動に協力した体験があります。専用の携帯電話を常に持ち歩いて、相談の電話やメールがあれば、深夜でも対応していました。

このように大変な仕事ではありましたが、やりがいもありました。

自治体の就職支援活動では、ハローワークが連携することもあります。

そのためわたしは、自治体の就職支援活動で担当した相談者と一緒にハローワークを訪問することも頻繁にありました。

PART1で紹介した、72歳で警備会社の正社員になったケースでも、わたしは相談者と一緒に何度もハローワークに足を運びました。

地域

元ニートが上場企業への就職に成功

地域での活動で印象に残っているのは、ニートの青年を上場企業へ就職させたことです。

これはある自治体が運営していた、ニートやフリーターの就職を支援するためのプロジェクトでの話です。

このプロジェクトには、18歳から30歳ぐらいの人たちが通っていました。

その中のひとり、村井涼（仮名）さんは、俗にいうニートでした。彼は就職しても続かず、すぐに辞めてしまうのです。プライドの高さがその原因でした。

自分はいろいろできると言うのですが、口だけで中身がともなっていないのです。

「こんなの自分がする仕事じゃない」「自分が抱いていたイメージと違う」「世間はオレを理解してくれない」

こんな不満を繰り返していました。

ある日、夜中に村井さんから電話がかかってきました。精神的に不安定になったのでしょう。30分ほど話を聞き、翌日、面談の約束を取り付けました。

翌朝、わたしは早めに職場へ行きました。

村井さんが姿を現すと、わたしはいつもと変わらぬ外見だったのでほっとしました。包帯でも巻いていたら大変なことです。それは自傷行為を表すからです。そして、じっくりと就職活動の悩みを聞いて、アドバイスをしました。

このプロジェクトには、企業も協力してくれていました。企業で試験的に働いてみて、双方の相性がよければ就職できます。両者の間をうまく取り持つのがわたしの役目です。

村井さんは、このプログラムを通じて、**ある一部上場企業から声がかかりました。試験的に働いてみたところ、勤務態度が評価され、就職することができました。**

一部上場企業なので、彼のプライドも満足させることができました。


わたしは村井さんに対して、出社して、ちゃんと挨拶することから指導をはじめました。わたしは繰り返しこの点を指導しました。

「遅刻をしないなど、基本的なルールとマナーを守らなければ、自分の話も聞いてもらえませんよ」

「身なりを整えることも必要です」

「自分の意見を言うなら、やるべきことをきちんとやってからでないと、通りませんよ」

「ときには面倒なことも引き受けないと、認めてもらえませんよ」

幸い、受け入れてくれた企業側も、村井さんに気を配ってくれて、何度か面談を経たあとに正式採用となりました。

面談については、事前にマンツーマンで何度もリハーサルを行いました。

村井さん本人はもともと悪い性格ではありません。しかし、自分のプライドを守るために失敗するという悪循環にはまっていたのです。

今の若者は、やり方をきちんと教えれば、その通りにやれる人が多いです。昔は、「自分で考えてやれ」というような指導が主流だったのですが、今の若者に対しては、丁寧に教えていく必要があります。彼らは納得すれば動くのです。

PART 3

専門分野を伸ばし、もっと活躍できる・もっと稼げるキャリアコンサルタントになる

専門分野で年収1000万円を目指す

PART2で述べてきたように、キャリアコンサルタントの仕事は、「仕事をする場所」によって、大まかに分類できます。

さらにこのPART3で紹介するように、「専門分野」によっても分類ができます。

もちろん「仕事する場所」と「専門分野」は、ある程度重複しているわけですが、キャリアコンサルタントの仕事の中身をさらに詳しく知るために、「専門分野」にも焦点を当ててみましょう。

得意とする専門分野を持つことは、企業や学校で評価されることにもつながり、昇進や昇給のチャンスに恵まれます。

また、あなたがやりたい仕事を任せてもらえたり、希望する部署への異動も叶ったりするかもしれません。

フリーランスとなったときには、どのように自分の専門分野を活かして、年収

1000万円を目指すのかという指標にもなるでしょう。

それでは、専門分野を活かす典型例をいくつか紹介していきます。

特殊ですが、専門分野を活かした、わかりやすい例を挙げます。

プロ野球を引退した選手の再就職を支援するキャリアコンサルタントがいます。

プロ野球選手は、子供のころから野球ばかりをやってきた人が大半です。当然、野球をやめれば行き場がなくなります。

引退者の全員が球団に残れるわけでもなければ、テレビの野球解説者になれるわけでもありません。

また、1軍に昇格できないまま、球団を去る選手も少なくありません。

そこでキャリアコンサルタントが精神面のケアから、再就職まで世話をするわけです。

普通の人の転職の世話をするのとは、かなり性質が異なります。

野球だけではなく、サッカー、バスケットボール、ラグビーなどについても同じことが言えます。

こういったケースは、キャリアコンサルタントとしての専門性が極めて高い分野と言えるでしょう。

語学力を活かし、外国人のキャリアを専門とした分野で活躍する

外国語が得意だったり、海外事情に詳しかったりという、外国人を専門とするキャリアコンサルタントもいます。

日本語をうまく話せないけれど、日本企業で働きたい外国人は、たくさんいます。

多国籍企業になると、日本語ができなくてもそれほど障害にならないこともあります。

このあたりを考慮してマッチングさせるのが、キャリアコンサルタントの腕の見せどころです。

ワンポイントアドバイス

外国人向けのキャリアコンサルタントになるには？

人材関連業界の留学生就職サポートスタッフ部門では、留学生に対する挨拶指導や教育

などの業務が任されます。

外国人留学生の人材育成のため、インターンシップにおける日本の労働慣行を踏まえた仕事の進め方やビジネスマナーなどを体験させます。卒業後の就労に向けたコミュニケーションスキルの上達や習得を任される場合があります。

法人営業の新規開拓業務では、外国人留学生や外国人エンジニアの就職先の開拓があります。また、技能実習生の受入企業や特定技能の受入企業の開拓もあるでしょう。

外国人人材のコーディネートという業務もあります。

現地及び日本における特定技能ビザ申請サポートや在留資格取得業務サポート、出国から入国までの手続の説明、提出資料の依頼と確認などです。

障がい者の支援を専門にするキャリアコンサルタントもいます。

障がい者の民間企業での法定雇用率が２０２１年3月１日を境に、２・2％から2・３％へと引き上げられたことも背景にあります。

障がい者も一緒に働ける労働環境を整える方向性で、キャリアコンサルタントが活躍する機会が増えているのです。

先に取得している資格を活かし、専門分野に特化して活躍する

キャリアコンサルタントと相性のよい資格が複数あります。

ファイナンシャルプランナーの資格があると、定年前から生活設計や資金計画に関するアドバイスを行うことができます。

定年後は再雇用を選ぶほうがいいのか、それともアルバイトでいいのか、起業するのかなど、選択肢を広げた働き方の提案ができます。

65歳以降に年金と併給できる働き方のアドバイスもできるでしょう。

さらに、民間資格ですが年金アドバイザー資格も持っていると、年金相談や指導もできるので強みが増します。

資格をプラスして収入を上げる

相談者の生活設計に関するアドバイスができる！

ファイナンシャルプランナー
年金アドバイザー

勤務先・顧問先の企業や学校で頼りにされる！

社会保険労務士

相談者のメンタル面のケアができる！

臨床心理士
公認心理師

社会保険労務士なら、企業に入って社会保険や労務、福利厚生、年金などのコンサルティング業務を行うことに加え、従業員の採用や就労相談・助成金の申請も行えます。顧問先の企業からは頼られる存在になるでしょう。

臨床心理士や公認心理師なら、メンタル面での従業員ケアもできるため、休職者や復職者に関して、医療機関と連携しながら就労について関わっていくことができます。

このように**あなたがすでに持っている資格と掛け合わせることで、専門分野を深掘りできます。専門性を活かすことで、年収1000万円は近づいてくるのです。**

女性のキャリアを専門とした分野で活躍する

女性を対象としたキャリアコンサルタントも少なくありません。

セクハラなど、女性が特に受けやすい職場のトラブルや再就職支援を専門に扱います。男性には相談しにくい問題があるので、一定の需要があるのです。

特に女性活躍推進法が成立してから、その潮流が生まれています。

政府は2003年に「指導的地位に占める女性の割合を2020年までに30％程度にする」ことを目標に掲げました。

しかし、日本は8・9％と低迷しています（帝国データバンク：2021年）。これは女性管理職の割合が43・8％のアメリカや32・9％のフランスなどに比べると大きな差があります。「2020年代の可能な限り早い時期に30％程度となるよう目指す」と達成期限は先送りされましたが、実現できるかは不透明です。

男女共同参画局の調査では、日本には独特の企業風土があり、女性が管理職に就くことで仕事と育児の両立が難しくなるとの見方があります。

また、ロールモデルとなる女性の管理職がいないことが問題として指摘されています。

こうした意識を変えていくことが、キャリアコンサルタントの仕事にほかなりません。

ワンポイントアドバイス

女性のキャリアを支援するには？

キャリアコンサルタントが女性活躍推進のために力を発揮するには、どんなケースがあるでしょうか？

企業内では、キャリアコンサルタント自身のこれまでの働き方がそのまま役立ちます。結婚や出産、育児、介護などのライフイベントにより、退職した経験や再就職した経験、もしくはライフイベントにかかわらず就労を続けた経験は、相談者の不安の解消に直接役立ちます。

学生支援についても、自身のこれまでの働き方がそのまま役立ちます。どんな業界を選べばいいのかといったアドバイスだけでなく、一般職で働いてきた経験や総合職で働いてきた経験、転職した経験やパート、アルバイトで働いた経験、結婚や出産、育児など仕事とプライベートの両立経験は、学生の興味関心が高いところです。

荻野美香（仮名）さんは、キャリアコンサルタント資格を取得後、四年制女子大学のキャリアセンターで女子学生の就職支援を行っています。

仕事の中で特に重視しているのは、女子学生を採用する企業側の観点と対策を学生に教えることです。いい面も悪い面も教えます。それを前提に女子学生に就職対策をアドバイスします。

それが評価されて、女子学生を対象としたキャリアコンサルタントとして高い評価を得ています。

多い日には1日に10名ぐらいの面談を行うといいます。

今では活動の範囲も広がり、履歴書や小論文の添削も行います。

荻野さんは次のように話します。

「この仕事の喜びは、就職活動が進み、自分に自信がついて、表情も晴れやかになっていく学生の姿を見ることです。ときには学生と手を取り合って喜んだり、一緒に涙を流したりする場面も。責任を感じることもありますが、仕事にはやりがいがあります」

老々介護をキャリアコンサルタントが支援する

中高年社員が「仕事と介護」に追われるケースが増えていることもあり、この分野で活躍するキャリアコンサルタントも増えています。

企業の中核をなす社員は50代が多いのですが、この年代は親の介護が重なることもあり、悩みが増える傾向にあります。

介護は、人によって事情や期間がバラバラなので仕事との両立が難しく、ひとりで悩んでいると、離職につながることも少なくありません。

ここにもキャリアコンサルタントが力を発揮できる場があるのです。

60歳を迎えて定年となり、悠々自適な隠居生活を送る……。そんな話は過去のもので、今では60代、70代にも働きたい方がたくさんいらっしゃいます。

また、少子高齢化が急速に進む中で、働き手（労働力人口）が減少し、従来の60歳定年制では労働力の確保が難しくなっています。今や「人生80年時代」ではなく、「人生100

年時代」です。

人間の寿命が100年となると、今までより20年長く生きることになりますから、さらにお金が必要となってきます。

雇用が延長されるようになり、長く働くための環境は整ってきましたが、指導や社内制度の再構築はまだまだ手薄です。

キャリアコンサルタントは、専門性を活かして長寿社会を豊かに生きるための支援を行います。

人生100年時代、定年後のセカンドキャリアを支援する

企業の人事部で、キャリアコンサルタントとしての専門性を発揮している人もいます。

刈谷孝雄（仮名）さんという男性で、セカンドキャリアを迎える社員を対象としたキャリア研修・人事制度改革への道を開きました。

刈谷さんは社員相談窓口の担当となり、社員からキャリアに関する相談を受けてきました。その中で専門知識が必要であることに気づき、キャリアコンサルタントの資格を取得しました。

刈谷さんがキャリアコンサルタントになっていちばんうれしかったのは、定年を迎えた相談者の奥さんから「主人が明るく元気になりました」と直筆でお礼の手紙を受け取ったときです。誰かの役に立つことを実感できたといいます。

刈谷さんは今、60代社員向けのキャリア研修を実践しています。定年後の生き方について悩む社員に再就職についてのアドバイスをしたり、自分を売り込むためのノウハウを伝えたりしているといいます。

また、外部講師を招いて、キャリアアップを図るためのプログラムを自主運営しています。これも高齢者の再就職に関する専門知識があってのことです。

昭和に代表されるこれまでの働き方は、会社での実労が主流でした。残業をして稼ぐ、稼いだらいいクルマに乗る、結婚したら一戸建てに住むというような、一連の生活設計があったのです。

時代は平成を過ぎ令和となりました。**年功序列の時代は終わり、自分のキャリアを磨いて、それを武器に生きていく時代になりました。**

だからこそ、キャリアコンサルタントが活躍できる場が増えているのです。

キャリアコンサルタントの強みは、何といっても専門的にキャリア理論を学んでいることです。キャリア形成の専門家として相談を受ける唯一の国家資格者なのです。

企業のリスクマネジメントで専門性を発揮する

企業のリスクマネジメント（危機管理）を専門とするキャリアコンサルタントもいます。ある意味、経営コンサルタントともいえるでしょう。

企業の上層部は、社内秘密にしている案件を、高い専門性を持つ社外のキャリアコンサルタントに相談することがあります。

特に業務監査など、社外監査役として関わることがあります。

コロナ禍で苦悩する飲食店を「人材」の観点でサポート

新型コロナウイルスの感染拡大で、最も影響を受けた職種のひとつは、飲食業です。ホテルの高級レストランから、下町の食堂まで、時短や休業を余儀なくされています。アルコールの提供にも規制がかかり、集客が容易ではなくなっています。政府や自治体からの休業補償も十分ではありません。

その結果、飲食店の廃業が相次いでいます。当然、調理師など飲食店で働いていた人は失業しています。同業種への転職も、有名なシェフなどを除いては難しくなっています。多くの飲食店関係者は、今後どのようにして自分や家族の生活を支えていくかに思い悩んでいます。

こうした状況下で、ひとつの選択肢として食品デリバリーが普及してきました。これは生き残りをかけた新しい挑戦です。

転換期の時代を、人材という観点からサポートするのも、キャリアコンサルタントの役

割です。特に、飲食店での業務経験があるキャリアコンサルタントの出番です。

流動する医療の世界で活躍するキャリアコンサルタント

医療の進歩によって、がんや難病などを抱えながらの就労も可能となってきたため、病気罹患者の就労を専門とするキャリアコンサルタントも登場しています。

職種や勤務形態が限られたり、就労年齢が高くなったりする傾向があるため、キャリアコンサルタントはどんなふうに働くかをサポートします。それゆえに、一定の需要があるのです。

このような傾向は、今後、高齢化が進むにつれて、ますます顕著になっていくでしょう。

病院やクリニックの経営者や職員を対象としているキャリアコンサルタントもいます。

特にクリニックの経営では、患者の減少で収入が減り、看護師のボーナスカットやリストラも増えました。経営自体が難しくなり、人事問題が発生したのです。

新型コロナウイルスの感染が広がったあとは、救急医療の現場で病床が逼迫する事態も起こりました。ＩＣＵでは、複数の看護師がひとりのコロナ患者に対応するため、人員が足りないという事態も起こったのです。

特に40代以上の看護師や介護士は、自分の親が高齢になっているケースも多く、家族内での感染を懸念して、転職を希望する人も増えたのです。

また、ＭＲ（医薬情報担当者）など営業職の派遣も、コロナの影響で制限されており、転職を考える人が増えています。

昔は給料が高ければ、現場に残ってくれる看護師も多かったのですが、いまは給料だけで職場を選ぶ人は減っています。生きがいやモチベーションも重視されるのです。キャリアに関する考えも変わってきています。

ちなみに、特別養護老人ホームなどの介護士は、新型コロナウイルスに感染するリスクを懸念して転職するケースが増えています。

家族に高齢者がいる介護職員が現場に出たがらないという現象も起こっています。

専門性を磨き、唯一無二のキャリアコンサルタントになる！

キャリアコンサルタントが専門性を磨くと……

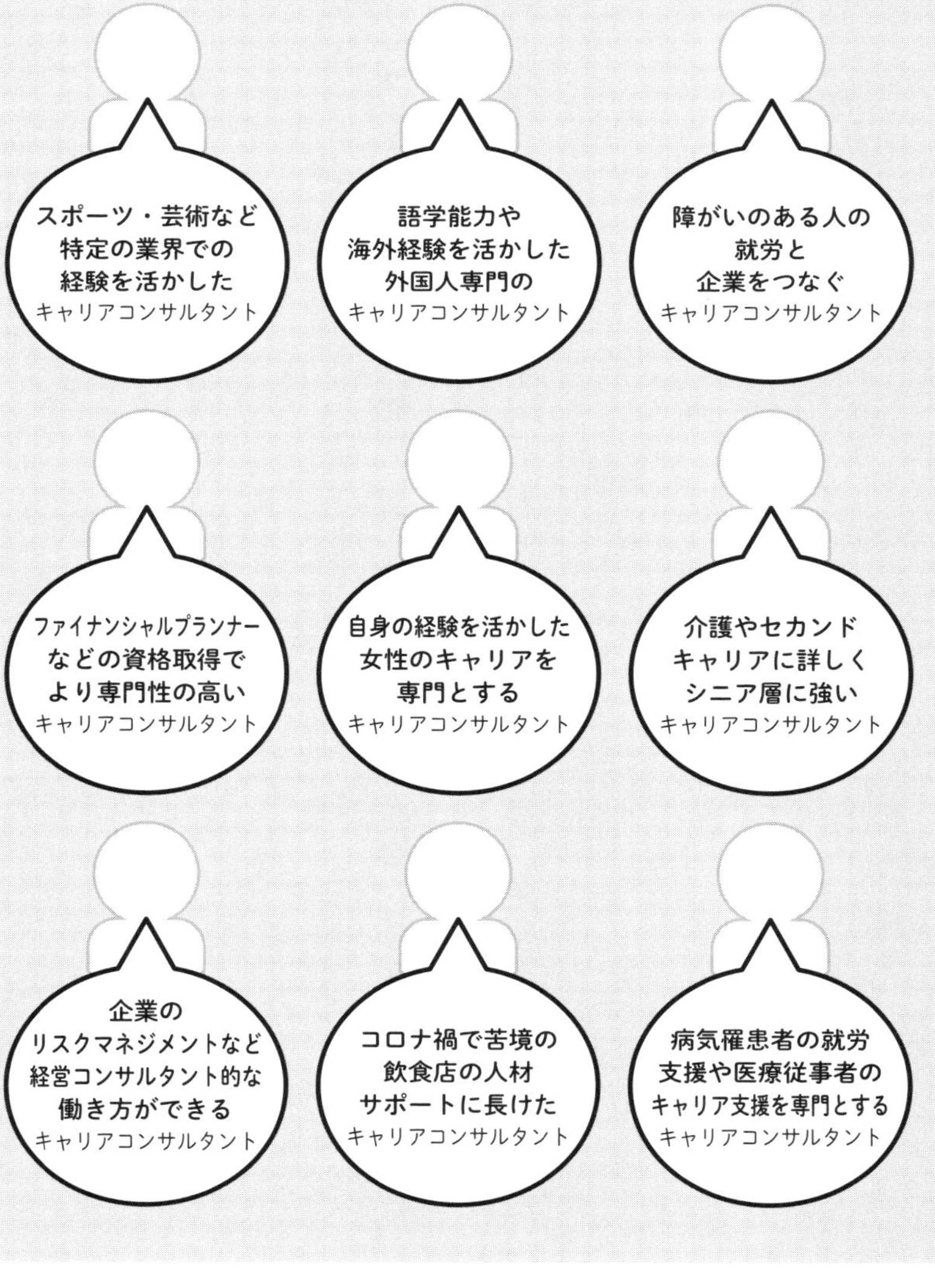

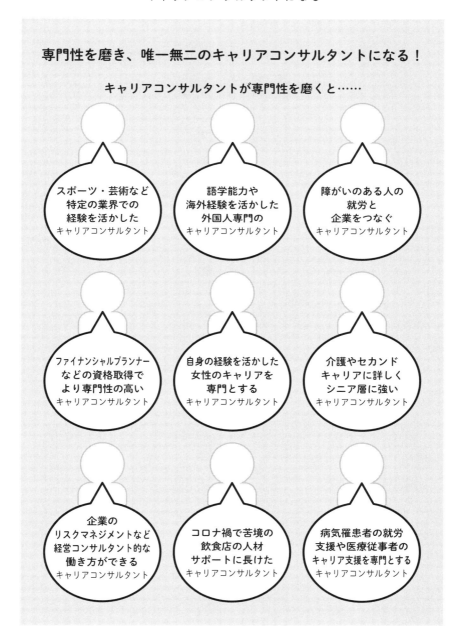

逆にいえば、キャリアコンサルタントには、マッチングの仕事に関わる機会が増えているのです。

病院の経営者も医療従事者も、安心できる経営環境や労働環境を求めて、キャリアコンサルタントに相談する機会がやってきているのです。

改めていうまでもなく、このPART3で紹介したのは、ほんの数例に過ぎません。

キャリアコンサルタントの専門性は、自らの発想でどんどん広がります。

そういう意味では、無限の可能性を秘めているのです。

それは同時に、活躍できる場や、より高額な年収への道を開く可能性を秘めていることを意味します。

PART 4

目指せ、年収1000万円! キャリアコンサルタントでもっと稼ぐ・もっと活躍する秘訣

「企業の人事部」でキャリアコンサルタントの資格を最大限に活かす！

あなたが企業に所属していて、キャリアコンサルタントの資格を活かすのであれば、やはり人事部が適しているでしょう。

キャリアコンサルタントは「人の話を聴き、解決に導く」という仕事なので、人事部や総務部の業務と親和性が高いです。

人事部の業務は、新卒採用や中途採用、人材教育、メンタルヘルスやパワハラなどの相談、再就職のアドバイスと多岐にわたります。

最近、増加しているのが、シニア層に対する支援活動です。

高齢者雇用安定法の施行で、60歳以後は65歳まで、1年ごとの更新による再雇用を行う企業が増えてきました。これは老齢厚生年金の支給などにも関係しています。

女性活躍推進法にともない、女性を支援する機会も増えはじめています。

キャリアコンサルタントには、企業と社員の間に立ち、組織を改革していく役目もあります。

あなたの会社で改善すべき部分はどこでしょうか？　自社の組織改革について提案をしていきましょう。

いかにして、会社の中で安心して働ける環境を整えるかは、キャリアコンサルタントの力量にかかっています。

ワンポイントアドバイス

人事部に異動して資格を活かそう

人事や総務以外の部署にいて、キャリアコンサルタントの資格をうまく活かせていないという人は、人事に異動願を出してみることもおすすめです。

キャリアコンサルタントの資格取得を前提に会社へ掛け合い、合格したときに給付される教育訓練給付金を含めた資格取得費用を、全額会社から支給してもらったという例もあります。

資格を取得し、社内で新しい分野へ挑戦することは、あなたの評価に直結します。結果として昇進や昇給にもつながっていくでしょう。

組織内で新たに活躍できる場ができることは、あなたの働きがいを生み出します。

「人材系企業」に転職して、年収アップを目指す

新型コロナウイルスの感染が拡大したあと、36％もの人が転職を考えたそうです（ランスタッドＨＲ ＨＵＢ：２０２０年）。

その理由として最も多かったのは、

「長期にわたって安定して働けなさそうだ」

というもので、全体の34・１％を占めました。

以下、次のような順番になります。

「他社と比較し給与が低すぎる」

「昇進やキャリアアップの機会が見込めない」

「社内で大切に扱われていない・評価／感謝されていないと感じる」

これらの理由は、安定した雇用や給与、昇進、キャリアアップに期待が持てないと考えている人が多いことを示しています。

職場への不安や不満が高まり、「自分らしく働きたい」「自分の能力を活用したい」と実感する人が増えたのです。

その結果、転職への需要が高まったのです。

こうした社会状況を踏まえ、働き手の転職や、企業の求人をサポートする人材系企業に転職するのもおすすめです。

キャリアコンサルタントの資格があることで、人材系企業からは優遇されます。

働く側のニーズと会社側のニーズをマッチさせることは、キャリアコンサルタントの最も得意とする仕事といってよいでしょう。

フリーランスで独立開業するには、まず「挨拶」を

キャリアコンサルタントの資格を取得し、フリーランスとして幅広く活躍する人も大勢います。

勤めていた会社を退職し、フリーランスとしてキャリアコンサルタントの業務を行うようになると、勤務していた会社からキャリア支援を手伝ってほしいという依頼が来ることがあります。

これは企業側も人脈を重視していることを意味します。

社内の事情や業務を知っているキャリアコンサルタントのほうが、ほかのキャリアコンサルタントよりも話が早く、信頼できるからです。

フリーランスとして独立したときは、人脈がある会社へは、挨拶に行っておくべきです。

まずはこれまでの人脈を活かして、仕事依頼の可能性を広げていきましょう。

フリーランスとして独立開業するための準備

フリーランスとして活動するために、準備しておくべきものや行動をお伝えします。

1・名刺をつくる

独立して仕事をはじめると、打ち合わせなどで初対面の方と会う機会がかなり増えます。ですので、すぐに準備しましょう。ネットで安く印刷できるサービスも多いです。

2・友人や知人に知らせる

メールやSNSを使って、フリーランスになったことを友人や知人に知らせましょう。知らせてみると案外、業務依頼はあるものです。

フリーランスになりたてのときは、実績をつくることが大切ですから、場合によってはボランティアや低価格となることがあるかもしれません。仕事を受けるときにはしっかりと線引きをしておくことをおすすめします。

3・クレジットカードをつくる

ホームページをつくるために取得するドメインの決済や通信料などは、ほとんどがクレジットカード決済です。フリーランスになるとクレジットカードの審査が通りにくくなるので、持っていない場合は会社員であるうちにつくっておくほうがよいでしょう。

4・引越をする(必要がある場合)

フリーランスになってから事務所や新居を借りる、買うとなると、審査が通らない場合があります。必要であれば、会社員であるうちに準備をしておきましょう。

5・生命保険や医療保険への加入

長期入院することになると、収入がなくなるだけでなく、出費だけが増えていきます。病気にならない体づくりも大切ですが、入院費用の軽減も大切です。備えておきましょう。

6・健康保険の手続き

会社員の場合、退職時に国民健康保険にするか、現在の会社で加入している社会保険の任意継続にするかという選択になると思います。任意継続は最長で2年までですが、月々の保険料は国民健康保険より安くなる場合もあります。

よくわからない場合はファイナンシャルプランナーや社会保険労務士に相談するとよいでしょう。

7・開業届を税務署に提出し、青色申告にする

失業給付の手続きをせず、すぐにフリーランスとして活動する場合は、税務署に個人事業の開業届を提出します。

また、フリーランスとしての事業所得が20万円を超えると確定申告をする必要がありますので、開業から2か月以内に青色申告の手続きをしておきましょう。

青色申告にすると、自宅を仕事場にしている場合にはその面積や業務時間に応じて一部の家賃や光熱費を経費として計上できるようになったり、最大65万円の特別控除を受けられたりするので、節税となる場合があります。

8・小規模企業共済制度に加入する

フリーランスになると、退職金がありません。

独立行政法人中小企業基盤整備機構が運営している「小規模企業共済制度」は、廃業や退職時の生活資金などのために積み立てていく退職金制度で、節税効果もあり、掛け金に対して最大120％を受け取ることが可能です。

ただし、払込期間や解約時の制限などによって、メリットにもデメリットにもなる制度なので、よく確認した上で加入するかどうか判断するとよいでしょう。

フリーランスで年収1000万円の道
❶SNSやブログを最大限に活用する

ここからは、フリーランスとなって年収1000万円を目指していくためのヒントをお教えします。

改めて言うまでもなく、わたし自身も自社の業績を伸ばすために、インターネットを駆使しています。

たとえば自社の広報活動では、SNSやブログを最大限に活用しています。わたしのブログでは、キャリアコンサルタントに関する基本的なことを説明しています。キャリアコンサルタントの仕事内容、検定試験に関すること、自分の体験、おすすめの本、仕事を得るための方法などです。質問に応えるコーナーも設けています。こうした情報を提供した結果、現在はブログのフォロワーが1100人を超えています。

フリーランスとして働くためには、自分の存在を知ってもらう必要があります。自分の存在を知ってもらい、信用を得ることで仕事の機会につなげていくのがオーソドックスな方法です。

誰でも無料で手軽にはじめることができるブログを作成することをおすすめします。今流行っている「note」(https://note.com/) を利用するのもいいでしょう。

ワンポイントアドバイス

「コトリー」や「ココナラ」に自分を登録して集客しよう

ホームページをつくることも有効ですが、つくったばかりのホームページは、グーグルなどの検索エンジンで上位に表示されないため、集客がなかなかうまくいきません。

そこで、ホームページが検索エンジンで上位表示されるようになるまで、無料で登録できるカウンセリングやキャリアコンサルティングサービスに、キャリア相談を受けるキャリアコンサルタントとして登録し、仕事を得る方法もあります。

オンラインカウンセリング「コトリー」(https://cotree.co/)や、スキルマーケット「ココナラ」(https://coconala.com/)の［キャリア・就職・資格・学習］のカテゴリは、無料で登録することができます。


また、わたしはfacebookで「日本最大級を目指そう! キャリアコンサルタント交流会」を立ち上げました。

まったく宣伝はしていませんが、現在約８００名以上のメンバーがいます。

このほかにも、全国のキャリアコンサルタントがオンラインで集う「交流会」を開催し、所属団体を超えて職能を高める機会を提供してきました。

現在、キャリアコンサルタントはまだまだ不足しています。

それだけにこの業界では自分の努力で、事業を拡大して幸福を得るチャンスがあります。自分で情報を発信することで稼げる仕事なのです。

特にフリーランスにとって、情報発信をすることは必要不可欠です。

フリーランスで年収1000万円の道
❷電話相談やオンライン相談で仕事の幅を広げる

インターネットと同様に、電話も業務の幅を広げる有力な手段です。

ある日、わたしはあるポータルサイトから連絡をいただき、電話相談業務を行っている大手の会社で電話カウンセリングをやらないかという提案をいただきました。

この仕事には、次のような特徴がありました。

電話相談システムを通じた業務の特徴

・プロフィールに自分の得意分野を提示し、相談者はそれを見てカウンセラーを選ぶ

・1分単位で報酬の単価を設定する。値段設定は変更することも可能（相場は1分100円から300円程度）

・自宅に電話があればよい（単価は変わりますが、携帯電話でも可能）

この仕事のいちばんのメリットは、日本のどこにいても仕事ができて、自分の特長が活かせる点です。

地域の壁がなくなり、しかも、サービス内容は同じ質のものを提供できます。キャリアコンサルタントの仕事の機会は、全国いたるところにあります。つまり、直接の「対面相談」とリモートの「電話・オンライン相談」で、〝二刀流〟になることができるのです。

わたしは元々、大阪を拠点として働いていたのですが、電話相談をはじめたことをきっかけに、東京へ拠点を移しました。

ワンポイントアドバイス

電話相談の費用負担を軽減するには？

フリーランスで電話相談を受ける場合、パソコンと連動した電話相談システムを導入して課金する方法があります。これは初期費用や月々の利用料が発生するため、あまりおすすめしません。

前出したオンラインカウンセリングの「コトリー」(https://cotree.co/)では、無料登録する際にウェブ上での書類審査が通れば、ビデオ・電話相談サービスが利用できます。また、「ココナラ」(https://coconala.com/)では、無料登録をして「転職・キャリア・留学の相談」のカテゴリから電話相談サービスを使って相談を受けることができます。ココナラのアプリを使って通話をすると通話料が無料となり、相談者の費用負担を軽減することができます。

また、今はZoomなどを使ったオンライン相談も増えています。オンライン相談は通信費がかかりますが、現地へ行く必要がないので、交通費や移動時間がかからないというメリットがあります。

相談にあたっては、相談日時の希望(第三希望まで候補日を挙げてもらうとよい)や簡単な相談内容をメールしてもらいます。こちらからは入金先の銀行口座と確定日付をメールするようにします。

相談当日は、開始時刻になったら接続をします。

相談者がつながらないときには、電話かメールで連絡してみましょう。通信環境が悪い場合には、電話での相談に切り替えるとスムーズです。

ワンポイントアドバイス

無料でメールの申し込みフォームを作成しよう

メールでのやり取りを簡単にするなら、無料で使えるメールフォーム作成サービスが便利です。

オレンジフォーム（https://form.orange-cloud7.net/）やFormOK（https://formok.com/）がおすすめです。

これらのサービスを使えば、無料で相談の申込フォームをつくることができます。

無料版では広告が表示されたり、機能に制限があったりするので、業務の拡大に合わせて有料版に切り替えてもいいでしょう。

申込フォームが作成できたら、自分のウェブサイトに申込フォームのURLを張ったり、メールやSNSなどを使ったりして申込フォームのURLを告知するとよいでしょう。

フリーランスで年収1000万円の道
❸ライターとして働き、収入を増やす

ライターとして活動するという働き方もあります。

書く記事の内容ですが、難しく考える必要はありません。

たとえば自分が在籍していた業界のキャリアに関わる話を書くだけで、同じ業界で苦労している人たちの参考になります。

スキマ産業の業界であるほど情報は少ないため、熱烈なファンを獲得できる可能性が高くなります。

専門家としてのブランディングとエビデンスに基づいた記事を書きたい人には、「専門

家@メディア」(https://pro-atmedia.jp/)があります。企業のホームページやメルマガに掲載するための記事を作成する業務があります。

「ココナラ」(https://coconala.com/)や「クラウドワークス」(https://crowdworks.jp/)など、自身のスキルを販売できるサービスは無料で登録できます。職種も、ライティングから翻訳まで多様です。

これらのサービスを利用するための手続きは、すべてオンラインで完結できます。

ブログ記事の作成から企業のホームページに掲載する記事の作成など、1文字単位で報酬を得ることができるのが、ライターの業務です。

在職経験のある業界に関する記事やキャリア関連の記事の依頼があるので、書くことで報酬を得ることができます。

作成した記事が掲載されると、執筆者の名前や経歴も紹介されます。無料で登録でき、しかも自分のブランディングや社会的信用にもつながります。

実際、わたしの情報発信がNHKの目にとまり、就活を取り上げた番組の監修を担当したこともあります。単行本の出版も実現しました。

自分から動き出すことで、キャリアコンサルタントの仕事の機会はあらゆるところにあるのです。

フリーランスで年収1000万円の道
❹Q&Aサイトで質問に答えて専門家としてブランディング

情報発信という観点からいえば、「教えて！goo」(https://oshiete.goo.ne.jp/) や「Yahoo！知恵袋」(https://chiebukuro.yahoo.co.jp/) などのQ&Aサイトに、回答者として投稿するのもひとつの戦略です。

回答者は匿名にもできますが、実名で回答すれば、自分のPRになります。

質問の一つひとつに丁寧に回答をしていくことで、あなたへの信頼度は高まります。

回答する回数が多ければ多いほど、「その道の専門家」としてのブランドを築くことができます。

たとえば、「Q&Aサイトのキャリア関連の質問に1000の回答をしています」などの情報を自分のブログに書くことで、信頼度を挙げることができます。

Q&Aサイトへの露出は、それをチェックしているメディアの目にとまることもあり、取材の依頼や出版などにつながることもあります。

フリーランスで年収1000万円の道
❺他業種とのネットワークで安定収入を目指す

一般的に、キャリアコンサルタントの業務と各種士業は相性がいいです。社会保険労務士や中小企業診断士、行政書士などとは相互ネットワークを築くべきです。自分では手に負えない案件が来たとき、別の専門家を紹介したほうが相談者のためになるからです。それが自身の信用失墜を防ぐことにもつながります。

たとえば、士業には各種の助成金の申請を行う業務もあります。助成金の中にはキャリアコンサルタントがアドバイスする必要のあるものも存在しますが、あまりにも専門的な案件になると、対処できません。そんなときはほかの専門家と連携する必要があります。

したがって、ほかの士業との協力関係を築いておくことが不可欠です。それが自身の信

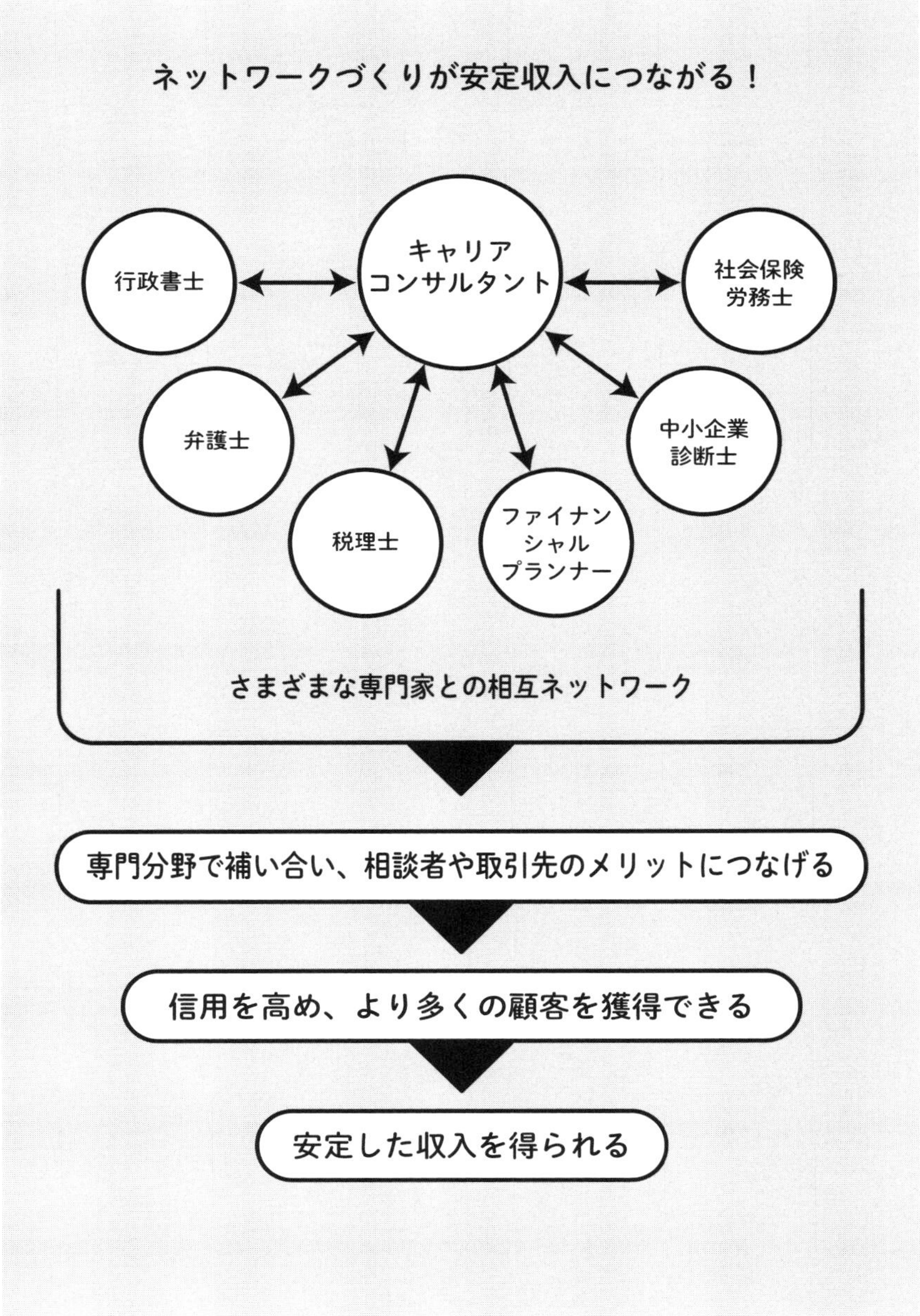
ネットワークづくりが安定収入につながる!
キャリアコンサルタント
行政書士
社会保険労務士
弁護士
中小企業診断士
税理士
ファイナンシャルプランナー
さまざまな専門家との相互ネットワーク
専門分野で補い合い、相談者や取引先のメリットにつなげる
信用を高め、より多くの顧客を獲得できる
安定した収入を得られる

用幅を広げ、安定した収入を確保することにもつながります。

仕事のネットワークを広げ、ビジネスパートナーをつくっておくと、特に法人等からの業務依頼が来やすくなります。

自分の都合がつかない日に業務依頼があった場合にはすぐにほかの人を紹介したり、専門外の案件には専門家を紹介したりできるからです。スピードを求めている企業には、とても喜ばれるでしょう。

それによって信用が高まり、ますます仕事の機会にも恵まれるようになります。「あの人なら期待に応えてくれそう」と思われる存在になれば、集客に困ることもないでしょう。

士業とのネットワークを広げるには、取引先から紹介を受けるのがいちばんです。もしくは、交流会への参加もよいでしょう。

交流会などに参加することを考えるなら、名刺の用意は必須です。

会社員でも個人的に仕事を受けたい場合は、会社の名刺ではなく、個人の名刺をつくっておきましょう。交流会であまり話せなかったとしても、名刺を渡しておくことで、あとからつながることができるからです。
ネットワークづくりに役立つサービスを、いくつか紹介しておきます。

●チームランサー（https://teamlancer.jp/）

チームランサーでは、パラレルワーカー・複業実践者やフリーランスがチーム活動やプロジェクトを通じて、自律的に学び、越境活動が行える機会を無料で提供しています。

ここでは、仕事のパートナーや仲間を探している士業の方がたくさんいます。

●こくちーずプロ（https://www.kokuchpro.com/）

こくちーずプロには、さまざまな交流会イベントが掲載されています。検索窓に「異業種交流会」と入力して地域（あるいはオンライン）や希望の開催日などを選択するだけで、たくさんのイベントが表示されます。

●BNI（http://bni.jp/ja/）

BNIは、世界最大の異業種交流組織です。それぞれが紹介を通じて、お互いのビジネスを拡大していく環境と仕組みを提供しています。

現在73か国で約23万人が活動しているので、ネットワークづくりに役立つでしょう。

フリーランスで年収1000万円の道 ❻「○○と言えばあなた」という存在を目指す

フリーランスのキャリアコンサルタントとして活躍するためには、「ほかの人にはない、独自の価値（USP：Unique Selling Proposition）」を持っておく必要があります。

あなたでなければできないことがあれば、同業者との差別化につながります。

そして、それを日頃からアピールすることが大切です。

たとえば外国語が使えることは、ひとつの有力な武器です。グローバル化が進み、ビジネスに国境がなくなっているからです。

しかも、外国語が使えると、インターネットの普及とあいまって、市場が急拡大します。

日本語で開拓できる市場は、せいぜい1億数千万人ですが、英語が使えると、英語が世界の共通語になっていることもあって、地球規模の市場になります。

今後は、中国語も有望な武器になります。中国だけでも14億人もの市場があります。

語学力がある人は、国境を越えて人材開発の仕事に就くことも夢ではありません。

インターネットを使ったオンライン化によって、複数の企業の海外事業部と連携することもできます。特に英語や中国語に堪能で、国際感覚に優れた人材には、高い需要があります。

また、語学以外でも、その業界に合った自分の持ち味や得意なことを、エピソードを交えて伝えられる方にはニーズがあります。

輝かしい経歴よりも、相談者の立場で考えたときに役に立つ、共感できるかどうかがポイントです。

フリーランスで年収1000万円の道

❼時間を有効に使い、複数の支援現場を掛け持ちする

フリーランスの場合、ひとつの勤務先で週に5日働けるとは限りません。

キャリアコンサルタントの仕事は時給で行うものも多いため、報酬と時間割りを平行して考える必要があります。

勤務先にいないときは、自宅でオンライン相談や電話相談の対応や、キャリアに関する記事作成をすることをおすすめします。

勤務先での仕事と、その他の仕事の両立をしましょう。

最近は、オンライン会議システムが一般化したので、自分の仕事を効率化する可能性も広がっています。

フリーランスにとって、仕事の効率化を図ることは重要です。スキマ時間をいかに有効に活用するかが、収入アップのカギとなります。

ワンポイントアドバイス

ドタキャンによる損害を防ぐために

相談者の中には、面談の約束時間に現れない人がいます。

事前に相談料をいただいている場合は問題ありませんが、相談の際に報酬を受けるシステムにしていると、時間の無駄になるだけでなく、相談料も受け取れないという損害になりかねません。キャンセル料を受け取れるのであれば問題ありませんが、そういう契約を交わしていない場合は注意が必要です。

こういった損害を防ぐためには、相談料の事前決済をおすすめします。

また通常、移動時間は報酬に含まれないので、単価の高い仕事を優先的に受けたり、効率よく移動できるスケジュールを組んだりすることも、収入アップのためには大切です。

複数の支援現場の掛け持ち例（1週間）

	9:00〜12:00	13:00〜17:00	19:00〜22:00
月	A社で対面相談を3件	A社でオンライン相談を3件	帰宅して電話相談を1件
火	B社で対面相談を1件とオンライン相談を2件	B社でオンライン相談を2件	帰宅してウェブ記事作成を1件
水	A社で対面相談を4件	A社でオンライン相談を1件と対面相談を2件	帰宅してQ＆Aサイトへ回答3件
木	キャリア関連の書籍監修でオンライン取材（自宅）	請求書作成等の事務作業（自宅）	オンライン相談を1件（自宅）
金	A社でジョブカード相談を3件	A社で対面相談を3件	帰宅して電話相談を3件
土	自分のブログにキャリア関連の記事を投稿	キャリアコンサルタントの交流会に参加	キャリア関連の勉強
日	休日		

年収1000万円へのロードマップ

どのように活躍の場を広げていくか、そのサンプルを紹介します

学卒後、自分の興味がある企業や団体へ就職する

▼

キャリアコンサルタント資格を取得する

▼

後輩の指導や育成、リーダーとしての経験を積む

▼

総務や人事、採用を担当する部署へ異動する

▼

社内での人脈を広げつつ自身の評価をアップさせる

▼

独立してフリーランスへ

▼

就労支援や組織改革、採用関連業務などを経験する

▼

自分が経験してきた業務に関連する資格を取得する

▼

ブログやＳＮＳでキャリア関連の情報発信を行う

▼

オンラインを活用した相談スキルを身につける

▼

寄稿ができるライティングスキルを身につける

▼

年収1000万円へ！

年収1000万円のための仕事例

フリーランスの例（月収ベース）を紹介します

オンライン相談　2万円/60分 × 3回＝6万円

＋

訪問先での対面相談　3万円/1日 ×12日＝36万円

＋

講師の仕事　3.5万円/1日 ×8日＝28万円

＋

ウェブライター　3万円/1本 ×2本＝6万円

＋

電話相談　200円/1分×60分 ×10時間＝12万円

＝

合計88万円 ×12か月＝1,056万円

PART 5

キャリアコンサルタントになるにはどうすればいい？

キャリアコンサルタント試験に合格したら、まずはコツコツと実績を積もう

キャリアコンサルタントは、働く人がいる限り絶対になくならない業種です。企業や学校といった組織の中で活躍する人もいれば、独立開業する人もいます。独立すれば、自分の働き方しだいで好きなだけ稼ぐことができます。もちろん定年もありません。自由業です。

しかし、資格を取ってすぐに独立するのは避けたほうがいいでしょう。さまざまな職場でキャリアを積み重ねながら、将来的に独立を目指すのが一般的です。コツコツと、自分の信用を積み立てていくのです。

弁護士や税理士が資格を取得して、どこかの法律事務所や会計事務所でキャリアを重ねたあと、独立するのと同じです。

一般論になりますが、最初に転職エージェントなどでマッチング業務を体験する人が多

いようです。その後、独立するケースが目立ちます。

また、自分が所属する企業内でキャリア形成の支援などに携わったあと、フリーランスとして独立する人もいます。

ワンポイントアドバイス

実績を数値化して看板にしよう

独立したあと、フリーランスとして順調に活躍していくには、独立前に具体的な実績を挙げておくべきでしょう。

「マッチングで○○％の好成績を挙げた」「○○人の相談実績がある」など、具体的な数字があるとよいです。

そういった実績がキャリアコンサルタントとしての看板になります。

身につけたノウハウを体系化し、それらを武器にしてアピールしていきましょう。

職場での悩みが、キャリアコンサルタント資格取得のきっかけに

わたし自身もキャリアコンサルタントの資格を取ってから、すぐに独立したわけではありません。実績を積んだあと、自分の会社を立ち上げました。

10年ほど前になりますが、わたしは専門学校で授業を担当したり、就職の指導をしたりしていました。

来る日も来る日も満員電車に詰め込まれて、職場と自宅を往復する生活に疑問を抱くようになりました。

何のために働いているのか、わからなくなったのです。

そのうちに、職場で認められたいという気持ちはなくなり、ただ上司から求められる業務に従うだけの「イエスマン」になっていました。自分の存在価値がわからなくなりました。

わたしは、勤務先の専門学校で深刻な少子化の影響を目の当たりにしました。

入学者が減少して、職場には重苦しい空気が漂っていました。

経営が破綻するのではないか。破綻すれば、生活はどうなるのか。職場にはそんな雰囲気さえ漂うようになりました。

わたしは、公務員試験対策を担当する中間管理職でもあったので、上司からは、「入学者を増やせ」と言われ、下からは、「管理職なのに、こんな状態でいいんですか？」と突き上げられました。

職場に行くのがおっくうになり、毎日が苦しくて苦しくて、たまりませんでした。

そんなとき、ふと思ったのです。

「自分ではどうにもならない少子化の影響を受ける職場で働いているから、自分はつらくなっているんじゃないか？」

「もっとたくさんの顧客が存在する業界で働いていたら、こんなに悩む必要はないんじゃないか？」

そして、自分で出した結論がこうでした。

「働くことに対してこれほどまでに悩んだ自分だからこそ、同じように仕事で悩む人のためになる仕事に就こう」

わたしにとって、これが転職の動機でした。こうしてキャリアコンサルタントを目指すことになったのです。

キャリアコンサルタントの試験はどんなものか

キャリアコンサルタントの試験は、特定非営利活動法人キャリアコンサルティング協議会が実施するものと、特定非営利活動法人日本キャリア開発協会（ＪＣＤＡ）が実施するものがあります。

いずれも国家資格試験で両者に違いはなく、合格者はキャリアコンサルタントという「名称独占資格」を持ちます。

名称独占資格とは、資格を取得した者だけが、肩書として使える資格のことです。

試験の中身は、学科試験と実技（論述および面接）試験です。年に3回程度行われます。学科試験と実技試験は、個別に受験することもできます。

両方に合格すれば、登録手数料８０００円と登録免許税９０００円を払って、キャリアコンサルタント名簿へ登録することができます。それによってはじめて「キャリアコンサルタント」と名乗ることができるのです。

なお、学科試験は、キャリアコンサルティング協議会と日本キャリア開発協会（ＪＣＤＡ）とが共同で、同一日に同一問題で行っています。

学科試験は１００分間で四肢択一のマークシート方式です。50問が出題され、35問（70％）以上正解すれば合格となります。

実技試験（面接）は、それぞれの団体が独自に行います。日程も異なります。

実技試験のうち、面接の形式に大差はなく、実際の面談を想定したロールプレイ形式で行われます。

過去問題は、キャリアコンサルティング協議会のウェブサイト（https://www.career-shiken.org/about/learninfo/）に掲載されています。

過去の学科試験では、次のような問題が出題されました。

問1　「平成30年版労働経済の分析」（厚生労働省）において述べられた、わが国の労働者の自己啓発に関する次の記述のうち、適切なものはいくつあるか。

・正社員が自己啓発を実施した2年後の効果としては、収入の増加には有効だが、仕事の満足度向上にはつながっていない。
・自己啓発実施を妨げる要因として、男性は仕事の忙しさ、女性は家事・育児の忙しさが最も多く挙げられている。
・自己啓発実施者の一日あたりの自己啓発時間は、就業時間が長い者ほど平均時間が短い。
・キャリアコンサルティングを行っている事業所は、行っていない事業所に比べると、正社員の自己啓発の実施が高まる傾向にある。

1：1つ　　2：2つ　　3：3つ　　4：すべて

キャリアコンサルタント試験の試験区分と出題形式

試験区分	学科試験	実技試験	
		論述	面接
出題形式	四肢択一のマークシート（50問）	**記述式解答** （事例記録を読み、設問に解答する）	**ロールプレイ** （受験者がキャリアコンサルタント役となり、キャリアコンサルティングを行う） ロールプレイは実際のキャリアコンサルティング場面を想定して、面談開始から最初の 15 分という設定で行う。ロールプレイでは、キャリアコンサルタントとして相談者を尊重する態度や姿勢（身だしなみを含む）で、相談者との関係を築き、問題を捉え、面談を通じて相談者が自分に気づき、成長するような応答、プロセスを心がける **口頭試問** （自らのキャリアコンサルティングについて試験官からの質問に答える）
試験時間	100分	50分	**20分** （ロールプレイ15分／口頭試問5分）
合格基準	100点満点（2点×50問）で70点以上の得点	**150点満点で90点以上の得点** ただし、論述は配点の 40%以上の得点、かつ面接は評価区分「態度」「展開」「自己評価」ごとに満点の 40% 以上の得点が必要	
受験料	8,900円	29,900円	

キャリアコンサルティング協議会のサイトより作成

過去問題は、日本キャリア開発協会（ＪＣＤＡ）のウェブサイト（https://www.jcda-careerex.org/past.html/）にも掲載されています。

キャリアコンサルタントの学科試験の難易度は？

学科試験の合格率は実施回によって差はありますが、おおむね60％程度です。出題範囲が広いので、頻出分野の攻略からはじめることをおすすめします。過去問題を扱った市販の教材で十分対策ができます。

計算を求められるような問題はなく、記憶だけで対応することが可能です。そのため、反復練習をすれば攻略できます。

出題の特徴としては、問題文に「不適切なものを選べ」という設問が多いことです。したがって正しいことだけ記憶しておけば、多くの問題に対処ができます。

国が発表する失業率や雇用統計などデータを使った出題もありますが、正確な数値を覚えなくても、過去5年分ぐらいの流れを把握しておけば対処できます。

「増加している」、「減少している」といった全体の流れをざっくりと記憶しておくだけで十分です。

試験では問題番号の1番から順番に解答していく人が多いかもしれませんが、得意な問題や解答しやすい問題から解くのも一案です。それにより時間のロスを防げます。

マークシート方式の試験なので、転記ミスには気をつけましょう。

キャリアコンサルタントの実技試験の難易度は？

実技試験の配点は、論述試験が50点、面接試験が100点です。両方を合わせた得点が90点を上回れば合格となります。ただし、それぞれの足切りとなる最低点数をクリアする条件があります。

論述は40％以上、面接は3または5の評価区分ごとに満点の40％以上の得点が必要となります。

合格率は、実技試験も学科試験も60〜70％程度です。論述試験は両団体とも記述式で、試験時間は50分です。

面接試験では、相談者を尊重する態度や姿勢が問われます。身だしなみも評価の対象になります。相談者とよい関係を築き、問題をとらえ、面談を通じて解決への糸口を一緒に考え、合意を得られるかどうかが採点されます。

通常のキャリアコンサルティング業務は1回あたり50分から60分で行われますが、**試験のロールプレイは15分間です。**

そのため、相談者の悩みを面談によって解決するプロセスまで進む必要はありません。最初の15分のプロセスだけで十分です。

ロールプレイ後に行われる5分間の口頭試問では、試験官からの質問に答えます。

詳細は以下のウェブサイトを確認してください。

●キャリアコンサルティング協議会 受験概要

https://www.career-shiken.org/about/

●日本キャリア開発協会 試験要項

https://www.jcda-careerex.org/information/requirements.html/

キャリアコンサルタント更新講習とは？

キャリアコンサルタントとして登録をしたら、登録を継続するために5年ごとに、一定時間数以上の更新講習を受ける必要があります。受講しないと資格が失効してしまいます。

これはキャリアコンサルタントの知識と技能をブラッシュアップするための制度です。資格を更新するためには、厚生労働大臣の指定する「知識講習」と「技能講習」を受ける必要があります。

知識講習：知識の維持を図るための講習を8時間以上
技能講習：技能の維持を図るための講習を30時間以上

ただし、次の条件を満たせば技能講習は免除されます。

1．技能検定キャリアコンサルティング職種1級（国家資格1級キャリアコンサルティング技能士：これについては後述する）**に合格したキャリアコンサルタントから、キャリアコンサルティングの実務に関する指導を受けた場合**（最大10時間まで免除）

2．キャリアコンサルティングの実務に従事した時間（最大10時間まで免除）

3．キャリアコンサルティング1級に合格した場合、技能講習は永久に免除

4．国家資格名簿に登録後、技能検定キャリアコンサルティング職種（1級、2級）**に合格した場合、合格後5年以内の更新では講習が免除される**

登録は5年ごとに更新しなければなりません。更新申請をする場合には、満了の日の90日前から30日前までの間に必要書類を提出する必要があります。したがって、更新講習の受講証明も、遅くても30日前までには入手しておく必要があります。また、更新手数料として、8000円（非課税）かかります。

キャリアコンサルティング技能士とは？

キャリアコンサルティング技能士は、技能検定職種のひとつとして2008年に追加された資格です。国家資格としてのキャリアコンサルタント試験より先に設けられました。キャリアコンサルティング技能士の検定試験には、2級と1級があります。

このうち2級は、個人の相談に対して、的確な支援ができるかどうかを問う検定試験となっています。相談者が難問を抱えているという想定になります。

たとえば、仕事と介護の両立に悩む相談者です。相談者が納得のいく方向で目標に合意し、問題を解決するための具体的な行動について一緒に考えていく必要があります。

1級は、キャリアコンサルタントが行った事例に対して、2級より高い水準でアドバイスができる職能を意味します。

事例に出てくる相談者とその事例を提供したキャリアコンサルタント両方の不安を解消し、問題のポイントをつかみ、事例を提供したキャリアコンサルタントの成長を促すようなアドバイスができるレベルが求められています。

キャリアコンサルティング技能検定の試験区分と出題形式

級	1級			2級		
試験区分	学科試験	実技試験		学科試験	実技試験	
		論述	面接		論述	面接
出題形式	**筆記試験**（五肢択一のマークシート）**50問**	**記述式による解答2ケース**	**ロールプレイ**（受検者が事例指導者役となり、事例相談者役の指導を行う。ケース内容および試験実施の概要については、受検票に記載） **口頭試問**（自らの事例指導について試験官からの質問に答える）	**筆記試験**（四肢択一のマークシート）**50問**	**記述式による解答1ケース**	**ロールプレイ**（受検者がキャリアコンサルタント役となり、相談を行う。ケース内容および試験実施の概要については、受検票に記載） **口頭試問**（自らの相談について試験官からの質問に答える）
試験時間	100分	120分	40分（ロールプレイ30分／口頭試問10分）	100分	60分	30分（ロールプレイ20分／口頭試問10分）
合格基準	100点満点で70点以上の得点	論述：100点満点で60点以上の得点 面接：100点満点で60点以上の得点 評価区分ごとに満点の60％以上の得点（所要点）が必要		100点満点で70点以上の得点	論述：100点満点で60点以上の得点 面接：100点満点で60点以上の得点 評価区分ごとに満点の60％以上の得点（所要点）が必要	
受験料	8,900円	29,900円		8,900円	29,900円	

キャリアコンサルティング協議会のサイトより作成

PART 6

キャリアコンサルタントに最速で合格するための勉強法

キャリアコンサルタント資格に挑む前に伝えたいこと

資格取得の勉強をはじめるにあたっては、モチベーションを高める必要があります。

わたしの場合、次の職場を決めないまま専門学校を退職したので、失業給付金の支給が終わったあとは、妻に食べさせてもらっていました。

当時、キャリアコンサルタント資格は、まだ民間資格でした。そのため、まずはそれよりもメジャーで、就労支援をする人の多くが持っている民間資格の産業カウンセラー資格にチャレンジしました。

わたしはいわゆる「ヒモ状態」でした。

どうしてもこの資格試験に合格しなければならない必要性に迫られていました。

「1年以内になんとかする」と妻に誓った言葉が重くのしかかります。

「やめなきゃよかったかな」

「元の職場へ戻れないだろうか」

弱気になることが何千回、いや何万回とありました。

「ここで落ちたら終わる」

産業カウンセラー試験の当日は祈るような気持ちで、答案用紙に解答しました。試験中、解答用紙に向かっているときでさえ、本当に生きた心地がしませんでした。

そして、迎えた合格発表。

結果は「合格」でした。

その瞬間、まるで明るい未来が約束されたかのようにうれしかったのを覚えています。

わたしは産業カウンセラーの資格を得て、就労支援機関で働きはじめました。

そこで、キャリアコンサルタントの資格を持った人と出会いました。

その方は常に相談者に寄り添い、あるときは職業に関する情報をわかりやすく提供し、あるときは職業適性についてアドバイスしていました。

「ああ、自分に足りないものがここにある」

「自分はこの道へ進みたい」

わたしの中に新たな挑戦への思いが芽生えました。

そこでわたしは、キャリアコンサルタントの資格を目指すようになったのです。真摯な思いで勉強に励み、キャリアコンサルタントの資格を取得したあとは、2級キャリアコンサルティング技能士という上位の国家資格も取得しました。

わたしの場合、他人からの刺激が大きな力になりました。キャリアコンサルタントの資格を取得している人が行っている相談業務と、取得していない人が行っている相談業務の力量の差に驚いたのです。

実際に支援現場で見た経験が生きています。それが資格に取り組む原動力となりました。

年収1000万円という目標を掲げたことも、立派なモチベーションです。漫然と受験勉強をするのではなく、強い動機は持つべきです。さもなければ受験勉強は続きません。働きながら資格試験に挑むのであれば、なおさらです。

成功した自分をイメージすることは、成功への第一歩です。

たとえば資格を取って会社で活躍している自分の姿です。独立して自分の好きな仕事をしていている姿、人の役に立っているという実感を持ちながら毎日活き活きと働く自分の姿でもかまいません。

未来をイメージすることは、成功の秘訣のひとつです。

あなたは大丈夫？　絶対にやってはいけない勉強法

さて、学科試験の勉強には、具体的なコツがあります。

最初にすべきことは、どのような形式で出題されるか、どのような傾向の問題が出題されるかを知ることです。それを知ってから、勉強をはじめるべきです。

広範囲にテキストを勉強してから、最後に過去問題で仕上げるというやり方は非効率です。

わたしはあなたに、**過去問題を中心に勉強することをおすすめします。**

特にキャリア理論など、不変の分野は似たような問題が繰り返し出題されるので、過去問題にあたるだけで正解を導けるようになります。

過去問題を解く際には、間違えた箇所に必ずチェックを入れるようにします。

そして、「すべて完璧！」となるくらいまで、間違った箇所を復習して覚え込むことが合格への近道です。

間違えた問題の該当部分を養成講座のテキストに戻って探すことは、時間の無駄です。それよりも過去問題の解説を読むほうが効果的です。

よく出るところや点数の取りやすいところを、まずはピンポイントで攻略し、苦手なところはあとから時間をかけましょう。

たとえば、キャリアコンサルタントの「倫理綱領」は、たった12条（12条は雑則なので実質11条）しかありません。

「基本的理念」「品位の保持」「信頼の保持・醸成」「自己研鑽」「守秘義務」「誇示、誹謗・中傷の禁止」「説明責任」「任務の範囲」「相談者の自己決定権の尊重」「相談者との関係」「組織との関係」です。

実は、ほぼ毎回そこから1問が出題されます。

内容的にも常識的なことがほとんどなので、まずはここから取りかかるのも一案です。

結局、どの問題集もこれまでの過去問題をベースにつくっているので、基本的なところは網羅されています。構成や整理の仕方、見た目が違うだけで中身には大差はありません。

したがって**1冊に集中して、そこに必要な書き込みをするだけで十分**です。学科試験は記憶だけで正解できる問題がほとんどです。**1冊の問題集を、最低3回はやり込んでおきましょう。**

テキストに付箋をつけてはいけない!

正しい選択肢、あるいは正しい解説だけを覚えるようにする。これが勉強時間を節約する早道です。正しい解答だけを知っていれば、誤っているものはなんとなく予想がつくからです。

また、過去問題を解いていく中で、一度正解できた問題は二度とやらない習慣をつけると、時間の節約にもなります。

学科試験の合否は、勉強時間に比例するわけではありません。合否はいかに自分の弱点を攻略し、効率よく勉強できたかで決まります。

養成講座のテキストに付箋をつける人がいますが、テキストは百科事典のように学科試験に必要なものがすべて載っているわけではありません。

付箋をつけるよりも、ネットを使って調べたい項目を検索したほうが早く答えにたどり着けます。

養成講座のテキストは、厚生労働省が指定したキャリアコンサルタントを養成するためのものであり、検定試験のためのバイブルではありません。最低限の必要事項を記載しただけのただの参考書であり、検定に合格するためには十分とはいえません。

なお、**「書き写す」という行動をとる人がいますが、これは単なる事務作業であり、記憶とは関係がありません。**

無駄なことはしないのが鉄則です。

ネット上には、必要な項目をわかりやすくまとめてくれているウェブサイトがたくさんあります。それらを参考にしながら勉強すれば、面倒な作業から解放されます。

勉強を進める過程で、たくさんのノートに走り書きするよりも、**必要なところをコピーしてハサミで切って新しい「まとめノート」をつくるほうが効率的です**（154ページ参照）。

そして、特に重要だと思うところにラインマーカーなどで線を引けば十分です。

ちなみに、ラインマーカーは1色にすべきでしょう。多色使いにすると、何が本当に重要なのかがわからなくなるからです。

まとめノートのつくり方

1

本を読んで気になる項目があったら、そのページをコピーします。特に重要だと思うところにマーカー（１色）でラインを引きます。コピーを適当なサイズにカットして、「共感」「受容」「傾聴」など、項目ごとにクリップで留めてまとめておきます。

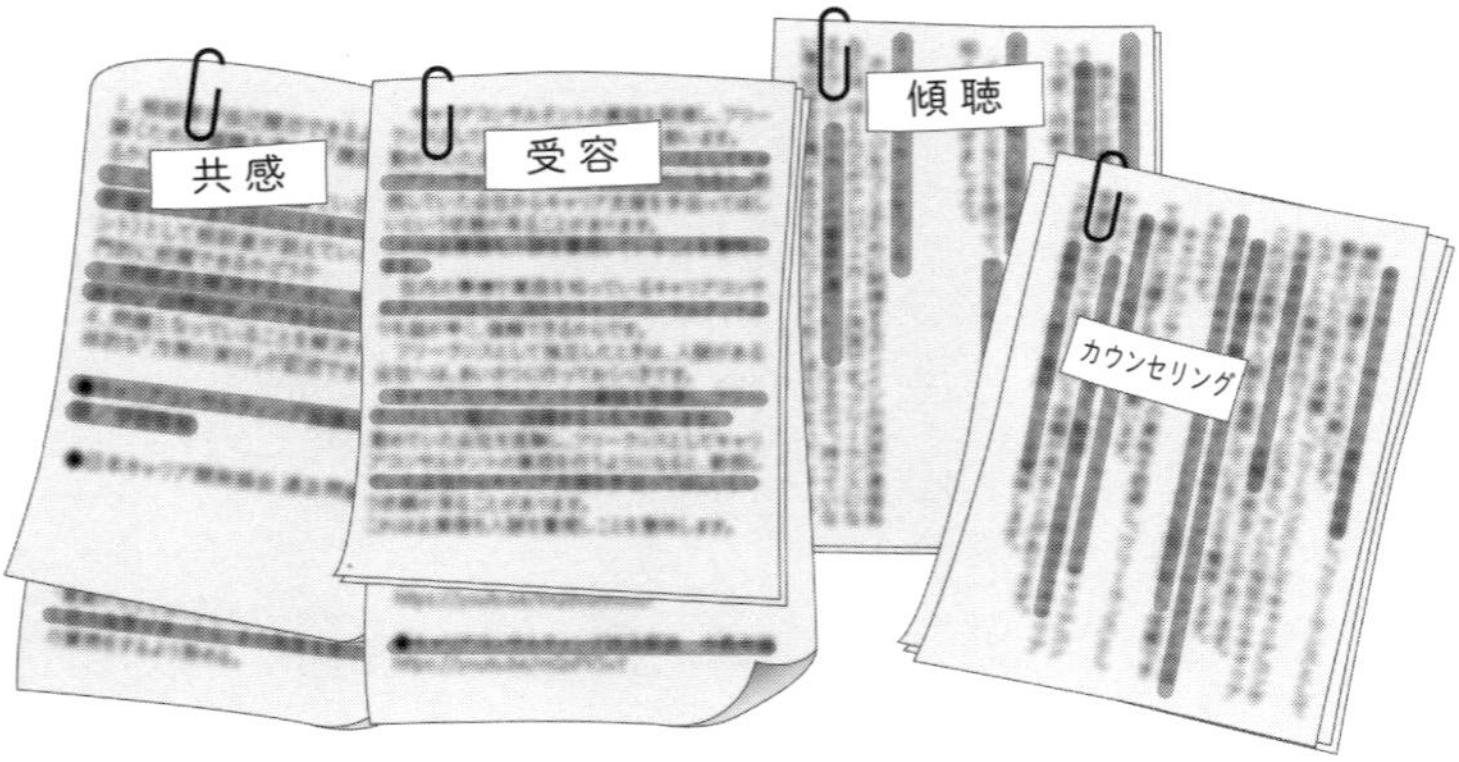

2

A５か B５サイズのノートを用意します。「１ページに１項目」となるように、コピーした紙を貼りつけていきます。何度も同じものを見ることで記憶が定着していくので、１ページに１項目としています。

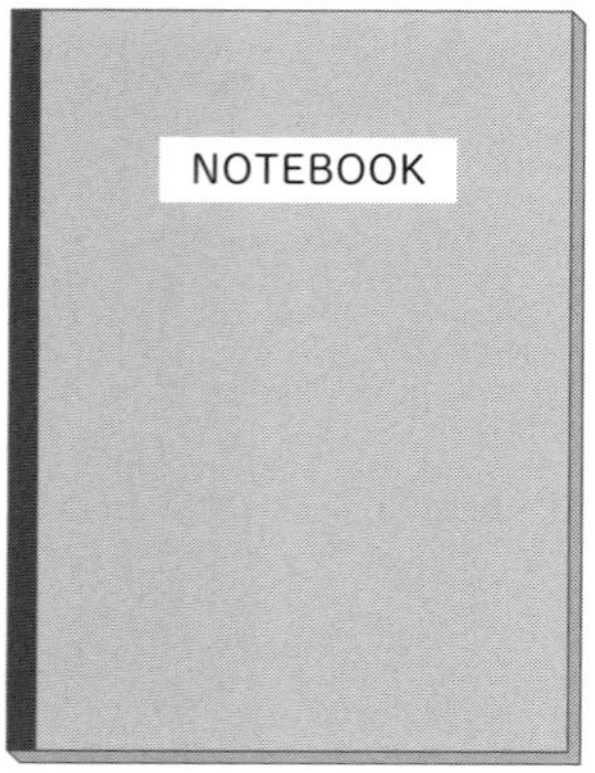

3 コピーした紙の上の部分のみにのりづけして、ノートに貼ります。同じ項目の紙はその下にどんどん貼りつけていきます。こうすることで1ページに1項目をまとめたノートができあがります。ページの上に項目名を書いておきましょう。勉強が進み、追加したいものが出てきたら、同じ要領で貼っていきます。

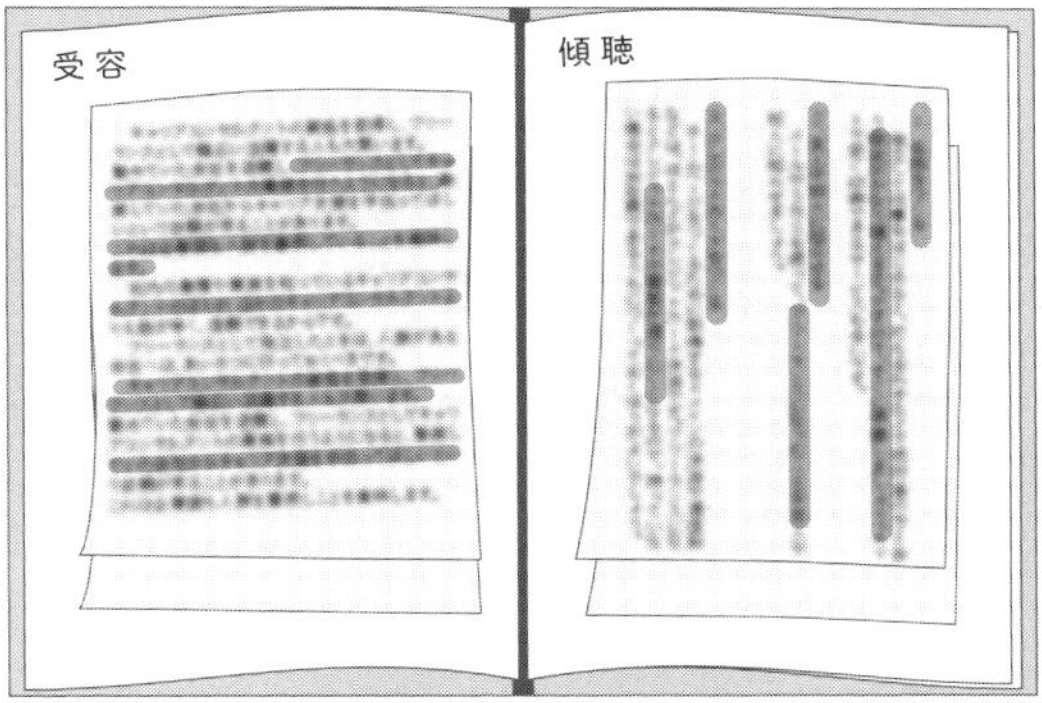

4 紙がノートからはみ出たときは、はみ出た部分を折り込んでおきます。勉強するときは、コピーした紙を広げてめくります。

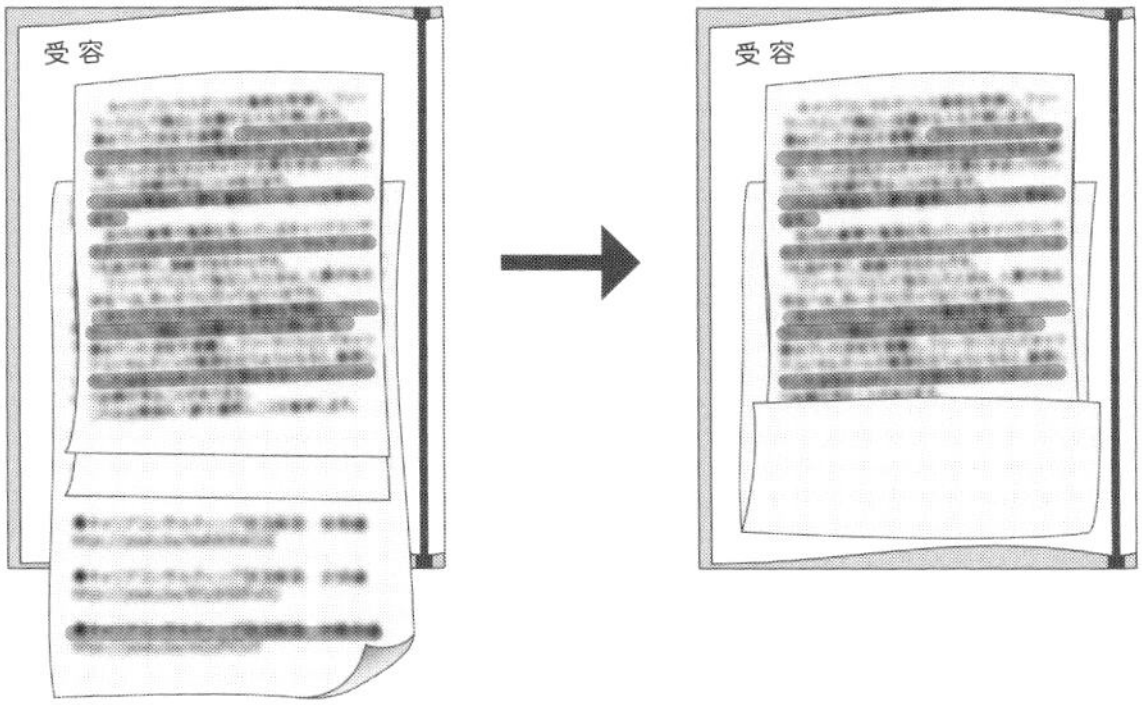

学科試験対策に役立つアプリ

わたしは項目ごとに単語カードをつくって、通勤電車の中などで空き時間を見つけては何度も復習しました。今はカードをつくらなくても、スマホで代用することができます。**過去問題は、アプリを無料でダウンロードできます。**iPhoneなら学習履歴を記録できるものが、新品の書籍（問題集）を買うより安価で手に入ります。

以下、代表的なアプリを紹介しておきます。

Android、iPhone対応アプリ

『キャリアコンサルタント試験対策アプリ　過去問題　全問解説付き』

無料で使えるキャリアコンサルタントの学科試験対策アプリ。

選択問題形式となっており、解答後すぐに解説が表示されるので理解力が高まります。

本試験と同じような感覚で学習ができます。過去問題は第1回から17回まで（2021年9月現在）が網羅されています。

iPhone対応アプリ

『キャリコン〇X(オックス)2021』

有料(610円)ですが、第7回から第17回(2021年9月現在)までの過去問題を徹底分析し、最新の出題傾向にアップデートされています。自身の学習履歴の保存ができ、正解数や正解率が一覧表示されます。

分野別に出題が構成されており、苦手な問題や正解率の低い問題を自由に選んで順番に解くことも可能となっています。

学科試験対策に役立つおすすめ書籍

スマホではなく、本を使って学科試験対策をしたいなら、次の2冊がおすすめです。

『キャリア教科書 国家資格キャリアコンサルタント学科試験 テキスト&問題集 第2版』

原田政樹・著（翔泳社）

月間30万PVを超えるキャリアコンサルタント受験者に人気の受験サイト「みんなで合格☆キャリアコンサルタント試験」の書籍版。ウェブサイトの内容が網羅された第2版です。

『国家資格キャリアコンサルタント 学科試験 要点テキスト&一問一答問題集2021年版』柴田郁夫・著（秀和システム）

国家資格キャリアコンサルタント学科試験の過去問題から出る確率の高い問題を一問一答形式で並べたものです。1500問を超えるボリュームの試験対策テキスト&問題集の2021年版です。

試験にも出る！ 重要おすすめ書籍&資料

ここからは、実際の試験にも出ている重要度の高い本や資料を紹介しましょう。

『キャリアコンサルティング理論と実際 5訂版』木村周・著（雇用問題調査会）

この本から、多くの出題がされています。出題されている選択肢形式の設問は、この本に掲載されている文章がそのまま使われていることも少なくありません。

特に「キャリアコンサルティングと人事・労務管理」の章と「キャリアコンサルティングにおけるキャリア・カウンセリングの実際」の章は、勉強しておいて損はありません。ただ、掲載されている統計やデータは古いので、それらは参考にならないことが多いのが実情です。

『職業相談場面におけるキャリア理論及びカウンセリング理論の活用・普及に関する文献調査』（労働政策研究・研修機構）

キャリア理論とカウンセリング理論の基礎を確認するなら、この資料が最適です。読みやすく網羅されています。

資料をダウンロードするためのＵＲＬは次の通りです。

http://www.jil.go.jp/institute/siryo/2016/165.html/

ファイル形式はＰＤＦなので、パソコンで閲覧する場合は、Adobe Acrobat Reader DCをダウンロードしてインストールする必要があります。スマホを使う場合は、Adobe Acrobat Readerモバイル版アプリがあります。

『知って役立つ労働法～働くときに必要な基礎知識』（厚生労働省）

キャリアコンサルタントの検定では、法律についての出題もあります。労働基準法や労働契約法などの労働関連法規に関する基礎知識を問うものです。

出題の中には、働いている人にとって常識であったり、職場のルールとして適用されていたりするものもあります。つまり最低限の常識が問われるのです。

これに関連した資料もＰＤＦでダウンロードすることができます。ダウンロードするためのＵＲＬは次の通りです。

https://www.mhlw.go.jp/stf/seisakunitsuite/bunya/koyou_roudou/roudouzenpan/roudouhou/index.html/

『労働経済白書 労働経済の分析』（厚生労働省）

キャリアコンサルタントの検定では、統計についての出題もあります。

労働経済白書の統計には、近年の日本の雇用環境、景気動向、有効求人倍率や雇用・失業、労働時間、賃金などさまざまなデータがあります。直近2年分ぐらいのデータを確認しておくと、状況の変化が把握でき、解答に役立ちます。

該当する厚生労働省のウェブサイトは次の通りです。ＰＤＦの資料をダウンロードすることができます。

https://www.mhlw.go.jp/toukei_hakusho/hakusho/

『能力開発基本調査』（厚生労働省）

令和2年度版の企業調査には、次のような項目が含まれています。能力開発の実績、自己啓発への支出費用、労働者に求める能力・スキルなどです。

一方、事業所調査ではキャリア形成支援やキャリアコンサルティングに関する項目も含まれています。こちらも直近2年分ぐらいのデータを確認しておくと、状況の変化が把握できて解答に役立ちます。

該当する厚生労働省のウェブサイトは次の通りです。ＰＤＦの資料をダウンロードすることができます。

https://www.mhlw.go.jp/toukei/list/104-1.html/

その他、育児・介護休業法や男女雇用機会均等法、高齢者雇用安定法、女性活躍推進法、それにパートタイム・有期雇用労働法など、待遇面、ハラスメント、メンタルヘルスなどに関する法律を確認することをおすすめします。これらの法律は、近年改正が行われたからです。

論述試験の勉強方法

試験を主催する団体が2つあるため、それぞれの出題形式に特徴があります。

しかし、論述試験で問われる内容はあまり変わりません。

形式は、従来通りの逐語記録（相談者とキャリアコンサルタントが1対1で行った面談の文字起こし）を使った形式です。システマティック・アプローチのプロセスに沿った解答をすることが求められています。

具体的に問われる内容は、次の通りです。

1. 相談者が自己開示できるような関係性を築くための傾聴を通した「関係構築」が行えるかどうか

2. CL（相談者）が訴えていることは何かを把握し、CCまたはCCt（キャリアコンサルタント）として相談者が訴えている問題点を専門的に把握できるかどうか

3. 問題点を解決するために、相談者と共に適切な「目標設定」ができるかどうか

4. 問題となっていることを解決するための具体的な「方策の実行」が記述できるかどうか

これらの評価項目を念頭におき、過去問題を使った問題練習を行うことをすすめます。

なお、過去問題は直近の3回分が、それぞれの試験機関のウェブサイトに掲載されています。次のウェブサイトを参考にしてください。

●キャリアコンサルティング協議会 過去問題／学習情報

https://www.career-shiken.org/about/learninfo/

●日本キャリア開発協会 過去問題

https://www.jcda-careerex.org/past.html/

面接試験の対策

面接試験対策としては、やはり本番試験を想定した模擬面接を繰り返し行い、慣れておくことが大切です。

試験は15分間のロールプレイング（実際の面談を想定した模擬面談）＋5分間の口頭試問です。合計20分で行われます。

ロールプレイングの練習と口頭試問の練習の両方を行う必要があります。

実際の試験では、機嫌の悪い相談者や、おしゃべりな相談者という設定にされることもあります。

このように「クセのあるCL役（相談者）」の設定は、以前に比べると減ってはいるものの、それでもまだあります。それを想定した練習をしておくことも大事です。

とはいえ、単に「ロールプレイング＋口頭試問」の練習を繰り返しただけでは、上達は容易ではありません。練習には以下の工夫を取り入れるようにしましょう。

ロールプレイングの練習のコツ

・冒頭からCL役（相談者）にペースを乱されないようにするため、面談開始から5分間だけを繰り返し練習する。
・面談開始の冒頭5分ぐらいはできるだけ「簡単な質問」にして、話をしてもらいやすい雰囲気をつくる。
・冒頭からCL役（相談者）を質問攻めにしない。CL役の発言があったら、その発言を受けとめてから、次の質問をするよう努める。

・ＣＬ役（相談者）が抱える問題の共有に努めて、目標を設定するときには必ず合意をとる。

なお、面談の進め方や技法等については、厚生労働省のユーチューブチャンネルの動画が参考になります。ＵＲＬを紹介しておきましょう。

●キャリアコンサルティング技法解説　若者編

https://youtu.be/kelh90R4CUE/

●キャリアコンサルティング技法解説　女性編

https://youtu.be/l0QdV8RRv0U/

●キャリアコンサルティング技法解説　中高年編

https://youtu.be/mQsPVSvBaYY/

手軽にできる面談上達法

面接試験の練習は、日常生活の中でもできます。次の点を心がけてみてください。

日常生活でできる面接試験対策

・日常生活の会話にもできるだけ「相手の発言を受けとめた（受容した）あとで質問をする」習慣をつける。
・部下や後輩に対して、対等の関係だったらどのように話すかを意識して会話する。
・相手の意見に反論したくなっても、いったん受けとめ、相手が言いたいことを全部聴いてから必要な意見を言ったり、指摘をしたりする習慣をつける。

ロールプレイングの練習後には、次のことを実行しましょう。

ロールプレイングの練習後にやるべきこと

・ロールプレイングのときにCL役（相談者）が何を発言したか、自分が何を発言したかをノートに書き出しておく。
・ロールプレイングを録音して逐語記録を取り、自分の発言について、内容や言葉づかいを再検討する。

口頭試問の練習の際には、次のことを心がけましょう。

口頭試問の練習のコツ

・試験官から、ロールプレイングの中で自分ができた役割を質問されたときは、自分が意図してできたことを伝える。
・試験官から改善すべき点を質問されたときは、自分がやりたかったけれどもやれなかったことを伝える。
・試験官から「CL（相談者）が訴えていたことは？」と聞かれたときは、CL役（相談者）の発言内容の主旨を1分程度で伝える。
・試験官から、「キャリアコンサルタントとしてあなたがとらえたCL（相談者）の問題点は？」と質問されたときは、CL役（相談者）の発言を根拠とするキャリアコンサルタントの視点でとらえたCL（相談者）の問題点を1分程度で話す。

働きながら、キャリアコンサルタントになるための勉強法のコツ

社会人にとって、時間は有限です。

働きながら限られた時間の中で効率よく学ぶためには、24時間をどのように過ごすのか考える必要があります。

時間をどう使うかで、合否が決まるといっても過言ではありません。時間が足りなけれ

ば、効率をよくする必要があります。集中力がカギとなるわけです。
予備校や塾を使う方法もありますが、合格を保証してくれるわけではありません。最小の時間で合格するコツを、自分でつかむことが大切です。

わたし自身の体験から言えば、**こまめに空き時間を見つけて反復練習をすることを大切にしていました。**

職場にも理解を求めましょう。キャリアコンサルタントの資格を取得することは、会社への貢献度を高めることになると説明しておくことをおすすめします。職場で勉強時間を確保するためには、無駄な時間をつくらないことです。そのためには、同僚たちの理解が不可欠になります。

だれしも、自分の努力でできることには限界があります。ですから努力できる量を自分で見極めて、検定の勉強をするための時間を確保する必要があります。

自分以外の人でもできる仕事は、ほかの人にお願いするのもひとつの案です。
これを発展させて、自分の仕事を「誰が、いつ、何度やっても、同じ成果が出せる」ようにできる仕組みを構築しておくことも大切です。そのためには普段から職場内での人間関係を大事にしておく必要があります。

ちなみに、「誰が、いつ、何度やっても、同じ成果が出せる」ようにするとは、あらゆる仕事を仕組み化してルーチンワーク化するということです。

こうした業務を自分が依頼されたときには、勉強を優先して断る勇気も必要かもしれませんが、そうすることが自分の時間をつくるためのカギとなります。職場に迷惑をかけるかもしれないと罪悪感を持つかもしれませんが、「合格したら必ず職場に役立てよう」と心に決めることです。

人前で合格宣言をしておくことも、勉強の意欲を高める方法です。

それが難しければ、合格発表の日を周りに知らせるだけでもよいでしょう。こうすることで合否の結果を同僚らが知りたがるので、自分自身を鼓舞する力にできます。

1週間の時間割をつくり、計画的に勉強を進める

新型コロナウイルスの感染拡大で、仕事のあとに「飲み会」へ行く機会が減ったことは、逆説的に考えれば、チャンスです。勉強時間が確保できます。

こういうときにこそ、勉強のための時間割をつくりましょう。それにより毎日が時間割通りに進む生活に近づきます。

まずは睡眠、食事、入浴、勤務など拘束される時間を確認します。**その隙間に自分が管理できる時間がどれくらいあるのかを計算し、それに沿った勉強法を考える必要があります。**

作業やスケジュールは、記憶するまでもなく、すべてパソコンかスマホに「記録」してしまいましょう。

スマホは、思いついたときにすぐに記録するための道具になります。

パソコンは画面が大きいので、情報の整理をするのに適しています。ノートやメモ帳のように書くスペースの制限がありません。

参考までに、無料でスケジュール管理とタスク管理ができるサービスを紹介します。

●スケジュール管理「TimeTree」

自分のスケジュール管理だけでなく、家族や知人などのグループとスケジュールを共有することができます。

https://timetreeapp.com/intl/ja/

※パソコン版のほか、アプリはAndroid版、iPhone版がある。

●タスク管理「Todoist」

やるべきことを整理できるので、試験勉強など重要なことに集中しやすくなります。入力したタスクを通知させることができ、完了後はタップで該当項目が消えます。これによって達成感も得られます。アイデアやメモを書き留める「備忘録」的な使い方もできます。

https://todoist.com/ja/

※パソコン版のほか、アプリはAndroid版、iPhone版がある。パソコン版にはChrome版やSafari版などがあり、各ブラウザの機能拡張として追加できる。

キャリアコンサルタントで年収《ねんしゅう》1000万円《まんえん》

2021年11月30日　初版第1刷

著　者――――――瀧本博史《たきもとひろし》
発行者――――――松島一樹
発行所――――――現代書林

〒162-0053　東京都新宿区原町3-61　桂ビル
TEL／代表　03(3205)8384
振替00140-7-42905
http://www.gendaishorin.co.jp/

デザイン――――――岩永香穂（MOAI）
カバーイラスト―――坂木浩子（ぽるか）
企画協力――――――Ｊディスカヴァー

印刷・製本　㈱シナノパブリッシングプレス
乱丁・落丁本はお取り替えいたします。

定価はカバーに
表示してあります。

ISBN978-4-7745-1929-6 C0034